몽골어 표준 교재 A1

몽골어 표준 교재 A1

초판 인쇄 2020년 11월 20일
초판 발행 2020년 11월 27일

지은이 김기선, D. Ulziibat
발행인 김인철
총괄·기획 윤성우 Director, University Knowledge Press
편집장 신선호 Executive Knowledge Contents Creator
도서편집 이근영 Contents Creator
디자인 우승민 Designer
고승현 Designer
재무관리 조아라 Managing Creator
전자책·사전 장혜린 Contents Creator
발행처 한국외국어대학교 지식출판콘텐츠원
02450 서울특별시 동대문구 이문로 107
전화 02)2173-2493~7
FAX 02)2173-3363
홈페이지 http://press.hufs.ac.kr
전자우편 press@hufs.ac.kr
출판등록 제6-6호(1969. 4. 30)
인쇄·제본 (주)케이프린텍 053)313-3673

ISBN 979-11-5901-814-5 [14730] 정가: 23,000원
979-11-5901-813-8 (세트)

* 잘못된 책은 교환하여 드립니다.

본 교재는 2019년 정부(교육부 국립국제교육원) '특수외국어교육 진흥 사업'의 지원을 받아 수행된 결과입니다. (CFL-한국외-2019-몽골-C-1)

이 책의 음원(mp3)은 한국외국어대학교 지식출판콘텐츠원 홈페이지(press.hufs.ac.kr) 게시판-자료실에서 다운받아 사용하시기 바랍니다.

Сайн уу?

МОНГОЛ ХЭЛНИЙ ЖИШИГ СУРАХ БИЧИГ

몽골어 표준 교재

Энэ хэн бэ?

김기선 • D. Ulziibat

A1

Тэр багш.

Энэ юу вэ?

HU:iNE

머리말

몽골어는 계통상 한국어와 어순이 같은 알타이어족 언어이자 조어법상 음운, 형태, 통사 등 여러 측면에서 많은 공통점을 가지고 있는 교착어이다.

오늘날 세계 7위 자원 부국인 몽골은 세계 경제의 글로벌화에 따라, 국내기업의 신흥시장 국가로의 진출 확대 및 공공외교 대상 국가의 확대 등으로 특수지역의 언어를 능숙하게 구사할 인재 양성의 필요성이 점차 증가하고 있는 특수국가로 부상하고 있다.

이에 특수외국어로서 몽골어 교육의 입문서로 활용될『몽골어 표준 교재 A1』의 개발은 실질적인 의사소통 능력을 갖추고 세계인과 소통하며, 특수외국어 관련 지역에 대한 폭넓은 지식과 이해를 겸비한 특수외국어 전문 인력을 양성하는 데 목적을 두고 있다.

특히 올해는 한국과 몽골이 1990년 3월 26일 외교 관계를 수립한 이후 양국간 수교 30주년을 맞이하게 돼 의미가 더욱 뜻깊다 하겠다. 현재 우리나라의 국내에 거주하는 몽골인은 근로자, 유학생 및 다문화가족을 포함하여 5만 명을 넘어서고, 최근에는 신흥 자원 부국인 몽골로의 기업 진출 러시와 사막화, 대기오염 등의 환경 문제 관련하여 국제사회의 이목이 집중되면서 국제회의 및 학술 심포지엄이 한·몽 양국에서 활발하게 개최되고 있다.

이러한 시점에서『몽골어 표준 교재 A1』의 출간은 그만큼 시급한 과제이기도 하며 몽골전문가의 양성 및 양국의 협력관계를 증진시키기 위해서도 매우 중요하다고 할 수 있다.

본 교재는 국책사업인 2019년 특수외국어교육진흥법의 특수목적 교재 개발의 일환으로 몽골어를 전공하는 학생들과 일반 학습자들에게 도움이 되고자 하는 목적으로 한국외국어대학교 몽골어과에서 집필하였다.

외국어 등급 A1은 유럽의회가 발표한 유럽연합 공통 언어 표준등급(CEFR)에서 첫 번째 등급이다. 일반적으로 이 등급은 "입문"으로 불리며 실제로 A1보다 낮은 수준도 여기에 포함될 수 있다. 외국어를 이제 막 배우기 시작한 학생이나, 외국어를 한 번도 배운 적이 없는 사람은 A1 이전 수준이다.

여기에 발맞추어 본 교재는 몽골어를 처음 접하는 학습자들에게 몽골어에 쉽게 접근할 수 있도록 매 단원 관련 문법 내용을 요약하여 제시하였으며 학습한 내용들을 학습자 스스로 복습할 수 있도록 연습문제 및 실용적인 문형을 평이하게 기술하는데 주안점을 두었다.

이 교재가 출간되면 세계화 시대 속에서 한국과 몽골의 인적교류를 더 원활하고 평이하게 이루어지도록 기여할 것이다. 아울러 한국과 몽골 양국의 한국어 및 몽골어를 전공하는 학부생들의 수요를 충족시키고, 한국에 거주하는 몽골 유학생 및 일반 학습자들에게 큰 도움이 되리라 확신한다.

2020년 7월

저 자

일러두기

『몽골어 표준 교재 A1』은 몽골어 교육의 입문서로 몽골어를 배우고자 하는 학습자가 특수외국어 관련 지역에 대한 폭넓은 지식과 이해를 겸비하고 실질적인 의사소통 능력을 갖춤으로써 세계인과 소통할 수 있는 지역전문가를 양성하고자 하는 목적으로 개발되었다.

집필 방향

- 본 교재는 국책사업인 2018년 특수외국어교육진흥법의 특수목적 교재 개발의 일환으로 개발되었으며 몽골어를 전공하는 학생들과 일반학습자들에게 일상적인 기초 회화를 중심으로 다양한 활용례를 통해 효과적인 몽골어 학습의 안내서가 되게 하였다.
- 외국어 등급 A1은 유럽의회가 발표한 유럽연합 공통 언어 표준등급(CEFR)에서 첫 번째 등급이다. 일반적으로 이 등급은 "입문"으로 불리며 몽골어를 이제 막 배우기 시작한 학생이나, 실제로 외국어를 한 번도 배운 적이 없는 학습자 또한 여기에 포함될 수 있다.
- 본 교재는 몽골어를 처음 접하는 학습자들에게 몽골어에 쉽게 접근할 수 있도록 단원마다 관련 문법 내용을 요약하여 제시하였으며 학습한 내용을 학습자 스스로가 복습할 수 있도록 연습문제 및 실용적인 문형을 평이하게 기술하는 데 주안점을 두었다.

교재 구성

- 본 교재는 도입부에 현대 몽골어의 키릴 알파벳과 발음을 조음음성학적 측면에서 소개하였으며, 발음 연습을 포함하여 전체 12개 과로 구성되었다.

- 각 과는 대화문, 어휘 및 표현, 문법 설명, 듣기 연습, 읽기 연습, 추가 어휘, 쓰기 연습, 말하기 연습, 단원 평가, 몽골의 민속·문화 소개 등으로 이루어져 있다.

- 대화문은 학습자가 몽골에서 마주칠 수 있는 자연스러운 상황을 제시하는 내용으로 기숙사, 서점, 거리, 식당, 대중교통, 가정, 학교 등 다양한 장소에서 쓰일 수 있는 주요 표현을 담고 있다.

- 본문에서는 학습자들이 실제 회화에서 많이 사용하는 어휘와 문형을 단계적으로 습득할 수 있도록 배열하였다. 아울러 기본 문형을 듣기 연습과 읽기 연습을 통해 이를 충분히 익히고 복습할 수 있도록 하였다.

- 본 교재는 지금까지의 기계적인 이해와 암기 위주의 몽골어 강독·회화교재와는 달리 학습자가 학습 과정에서 접할 수 있는 몽골식 사고나 구어체 문형의 특징, 또한 우리말을 몽골어로 옮길 때의 문제점 등을 제시하여 학습자의 이해를 높이는 데 주안점을 두었다.

- 몽골 민속·문화는 기초 단계의 학습자가 광범위한 부문에서 한국 문화와의 유사성과 아울러 알타이어족 언어로서의 공통점들을 명료하게 확인해 볼 수 있도록 대화문과 관련된 몽골의 전통과 문화를 소개하는 내용으로 구성되었다.

차례

머리말 4

일러두기 6

교재구성표 10

현대 몽골어 알파벳 익히기 14

01 **Сайн байна уу?** 30
안녕하세요?

02 **Миний найз** 42
나의 친구

03 **Оюутны байр** 56
기숙사

04 **Би солонгосоос ирсэн** 72
나는 한국에서 왔습니다.

05 **Номын дэлгүүр** 88
서점

06 **Их дэлгүүр явъя!** 106
길 묻기

07 **Цаг агаар** 126
날씨

08 **Одоо цаг хэд болж байна вэ?** 144
지금 몇 시입니까?

09 **Хоол унд** 162
음식

10 **Найзындаа** 178
친구 집에서

11 **Зуны амралт** 194
휴가 및 여가 시간

12 **Нийтийн тээвэр** 210
대중교통

부록

어휘 목록 231
정답 242

교재구성표

단원	주제	학습목표
1	Сайн байна уу? 안녕하세요?	• 몽골어 인사말 익히기 • 몽골어 의문첨사 익히기 • 몽골어 지시대명사 익히기
2	Миний найз 나의 친구	• 몽골어의 주격과 속격어미 익히기 • 몽골어의 긍정 표현과 부정 표현 익히기 • 몽골어의 인칭대명사 및 인칭대명사의 보충법 익히기
3	Оюутны байр 기숙사	• 몽골어 여·처격어미의 용법 익히기 • 몽골어의 시제종결어미 익히기 • 존재와 부재의 표현 익히기
4	Би солонгосоос ирсэн 나는 한국에서 왔습니다.	• 몽골어의 탈격어미 익히기 • 몽골어의 과거시제종결어미 익히기 • 몽골어의 대등연결어미 익히기
5	Номын дэлгүүр 서점	• 몽골어의 대격어미 익히기 • 몽골어의 근접과거시제어미 익히기 • 몽골어의 병렬연결어미 익히기
6	Их дэлгүүр явъя! 길 묻기	• 몽골어 도구격어미의 용법 익히기 • 몽골어 인칭종결어미 익히기 • 몽골어의 목적연결어미 익히기

문법	문화
• 몽골어의 문장 구조 및 형태소 특징 • 몽골어 의문첨사 • 지시대명사	몽골인의 인사말
• 몽골어의 격어미 /주격, 속격/ • 인칭대명사 • 긍정 표현과 부정 표현 • 몽골어에서 자주 쓰이는 의문사	몽골인의 음식 문화: 5색 음식
• 몽골어의 여·처격어미 • 몽골어의 시제종결어미 – 몽골어의 비과거시제 -на/-нэ/-но/-нө – 몽골어의 비과거시제: 반복의 의미 -даг/-дэг/-дог/-дөг • 존재와 부재의 표현 – 존재의 표현 байна/бий – 부재의 표현 байхгүй/алга	설(명절)
• 몽골어의 탈격어미 • 몽골어 구어체에서의 과거시제 -сан/-сэн/-сон/-сөн • 선행연결어미 -аад/-ээд/-оод/-өөд • 몽골어의 공동격어미	몽골 인명 및 호칭
• 몽골어의 대격어미 • 몽골어의 과거시제어미 -лаа/-лаа/-лоо/-лөө • 병렬연결어미 -ж/-ч • 희망, 원망의 의미를 갖는 미래시제형동사어미 -маар/-мээр/-/-моор/-мөөр	완곡한 지명
• 몽골어의 도구격어미 -аар/-ээр/-оор/-өөр • 몽골어의 인칭종결어미 • 목적연결어미 -хаар/-хээр/-хоор-хөөр	몽골인의 출생 의례

교재구성표

단원	주제	학습목표
7	Цаг агаар 날씨	• 날씨 표현 익히기 • 몽골어의 방향격어미의 용법 익히기 • 몽골어의 즉시연결어미 익히기 • 몽골어 사동태어미 익히기
8	Одоо цаг хэд болж байна вэ? 지금 몇 시입니까?	• 시간 관련 표현 익히기 • 비인식 과거시제종결어미의 용법 익히기 • 몽골어 재귀어미의 의미기능 익히기 • 몽골어의 수사 표현 익히기
9	Хоол унд 음식	• 몽골 음식 관련 표현 익히기 • 몽골어의 형동사(관형사형)어미 익히기 • 몽골어의 이유와 원인 구문 익히기
10	Найзындаа 친구 집에서	• 몽골어의 복수형어미 익히기 • 몽골어의 양보연결어미 익히기 • 몽골어의 인용절 익히기
11	Зуны амралт 휴가 및 여가 시간	• 몽골어의 집합수사 익히기 • 몽골어의 한계연결어미 익히기 • 시간부사 및 월, 일, 요일과 관련된 표현 익히기
12	Нийтийн тээвэр 대중교통	• 교통과 관련된 표현 및 정보 익히기 • 몽골어의 조건연결어미 익히기 • 강조첨사 'ч'의 용법 익히기

문법	문화
• 몽골어의 방향격어미 руу/рүү, луу/лүү • 즉시연결어미 -магц/-мэгц/-могц/-мөгц • 몽골어의 사동태어미 -уул/-үүл	몽골의 거주 문화 & 금기
• 과거시제종결어미 -жээ/-чээ • 일반재귀어미 -аа, -ээ, -оо, -өө • 진행상 표현 -ж/-ч бай- • 시간의 어떤 순간, 행위나 현상의 발생 시점을 나타내는 연결어미 -хад^{4}/-хдаа^{4} • 몽골어의 수사	몽골의 전통 놀이
• 몽골어의 형동사(관형사형)어미 • 한국어와 몽골어의 격어미 지배에 대한 상이점 • 몽골어의 이유, 원인 구문	언어습관 -죽음의 표현-
• 몽골어의 복수형어미 • 접미사 -х와 -хан • 양보연결어미 -вч • 몽골어의 인용절	나담 축제
• 몽골어 집합수사 • 한계연결어미 -тал/-тэл/-тол/-төл • 시간부사 및 월, 일, 요일 관련 표현	전통 의상
• 조건연결어미 -бал/-бэл/-бол/-бөл/-вал/-вэл/-вол/-вөл • 몽골어 첨사 ч • 나열, 선택의 의미연결사 юм уу	화폐

현대 몽골어 알파벳 익히기

1 현대 몽골어 키릴 문자 알파벳

현대 몽골어의 자모는 모두 35자로 이루어져 있다. 러시아의 키릴 문자를 차용하고, 그 중 몽골어에만 있는 모음을 표기하기 위하여 2개의 모음 글자(ө, ү)를 새로 만들어서 사용하고 있다. 현대 몽골어의 정서법에서 사용되는 문자로는 모음 13개, 자음 20개, 부호 2개로 구성되어 있다.

> 표1 | 현대 몽골어 키릴 문자 알파벳

몽골어 키릴 문자	IPA음	한글음
А а	[a]	아
Б б	[b]	베
В в	[v]	웨
Г г	[g]	게
Д д	[d]	데
Е е	[jɛ, jö]	예, 여
Ё ё	[jɔ]	요
Ж ж	[ʤ]	쩨
З з	[ʣ]	제
И и	[i]	이
Й й	[ĭ]	하가스 이
К к	[k, kh]	카
Л л	[l]	엘
М м	[m]	엠
Н н	[n, ŋ]	엔

몽골어 키릴 문자	IPA음	한글음
О о	[ɔ]	오
Ө ө	[ö]	어
П п	[p, ph]	페
Р р	[r]	에르
С с	[s]	에스
Т т	[t]	테
У у	[u]	오
Ү ү	[ü]	우
Ф ф	[f]	에프
Х х	[x]	헤
Ц ц	[ʦ]	체
Ч ч	[ʧ]	쳬
Ш ш	[ʃ]	이시
Щ щ	[ʃʧ]	이시쳬
ъ		하토깅 템덱
ы	[iː]	이ː
ь	[i]	절니 템덱
Э э	[ɛ]	에
Ю ю	[ju, jü]	요, 유
Я я	[ja]	야

> 그림1 | 현대 몽골어 키릴 문자 필기체

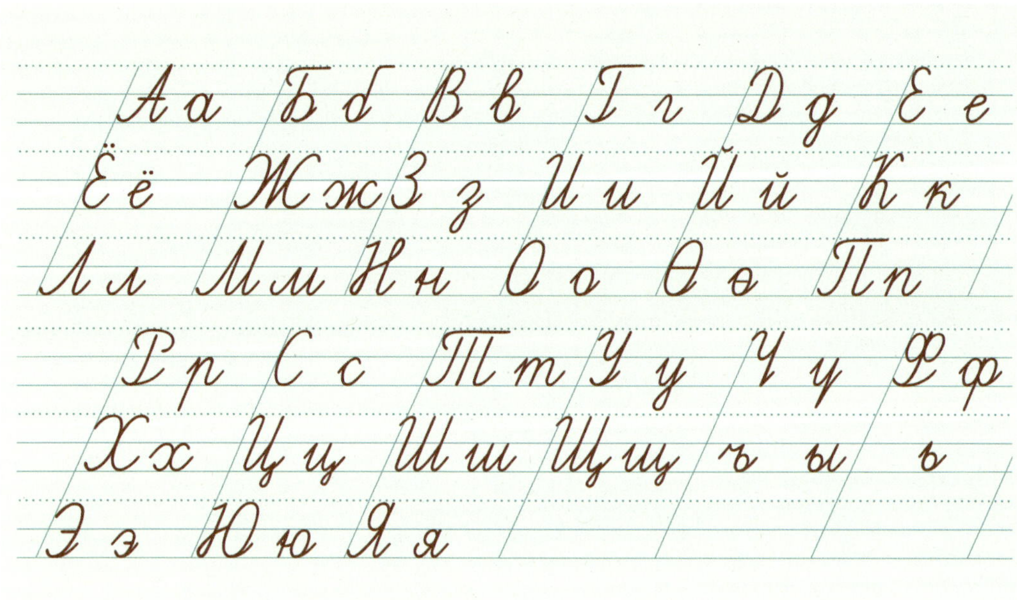

2 현대 몽골어 모음 체계

일반적으로 모음은 조음 위치와 발음 길이, 또는 내부변화에 따라 분류된다. 현대 몽골어의 모음도 마찬가지로 단모음과 장모음, 그리고 이중모음으로 분류된다.

몽골어 모음은 13개이다. 이 가운데 조음 위치에 따라 7개의 단모음을 기본모음(Үндсэн эгшиг) ‘a[a], э[e], и[i], o[o], у[u], ө[ö], ү[ü]’이라 한다. 나머지 6개, 즉, ‘я[ya], е[ye], ё[yo], ю[yu], й[ĭ], ы[iː]’는 보조모음(туслах эгшиг)으로 분류되어 있다.

> 그림2 | 몽골어 모음 도표

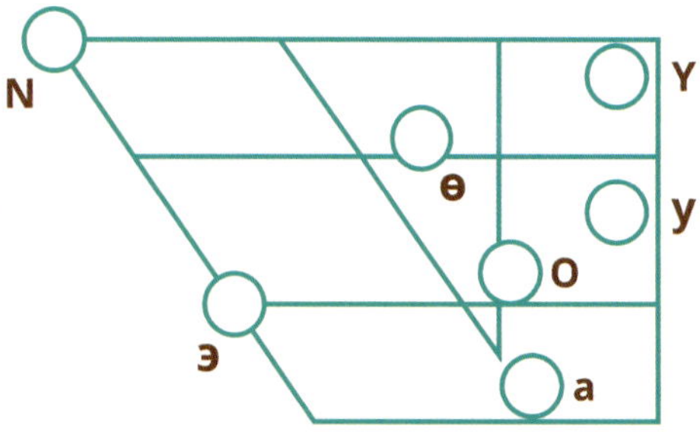

> 표2 | 몽골어 기본모음 조음 위치

혀의 높이와 위치	전설		중설		후설	
	평순	원순	평순	원순	평순	원순
높음	и			ө		ү
중간	э			о		у
낮음					а	

소리의 지속 시간 및 내부적인 변화에 따라 7개의 장모음(Урт эгшиг - аа[aː], ээ[eː], ий[iː], оо[oː], уу[uː], өө[öː], үү[üː]), 7개의 이중모음(Хос эгшиг - ай[aĭ], яй[yaĭ], ой[oĭ], уй[uĭ], үй[üĭ], ау[au], уа[ua]), 1개의 삼중모음(уай[uaĭ])이 있다.

몽골어에서는 양성모음과 음성모음, 그리고 중성모음에 대한 개념이 있다. 양성모음은 비교적 입을 크게 벌려서 내는 소리로 밝고 가볍고 맑고 빠르고 작은 느낌을 주는 'а, о у' 모음이 있다. 음성모음은 양성모음과 상대적으로 어둡고 무겁고 칙칙하고 느리고 큰 느낌을 주는 모음인데, 'э, ө, ү' 등이다. 모음 'и'는 중성모음이다.

> 표3 | 몽골어의 양성모음, 음성모음, 중성모음

양성모음	а о у
음성모음	э ө ү
중성모음	и

양성모음과 음성모음은 모음조화와 긴밀하게 관련이 있는 개념이기 때문에 잘 알아 두어야 한다. 모음조화라는 것은 두 음절 이상의 단어에서, 뒤 음절의 모음이 앞 음절 모음의 영향을 받아 아주 같거나 그에 가까운 성질의 모음이 어울리는 현상이다. 따라서 첫음절에 양성모음이 있을 때는 그 뒤에는 양성모음이 오고, 음성모음이 있을 때는 음성모음만 올 수 있다.

> 표4 | 몽골어의 모음조화 배열

어두음절 모음	후행음절 모음		
	단모음	장모음	이중모음
а	а	аа уу ы	ай иу иа
о	о	оо уу ы	ой
у	а	уу аа ы	ай иу
э	э	ээ үү ий	эй
ө	ө	өө үү	эй
ү	э	үү ээ ий	эй
и	э	ээ үү ий	эй

3 알파벳 쓰기 연습

А а

А А
А А
а а а
а а а

Б б

Б Б
Б Б
б б б
б б б

В в

В В
В В
в в в
в в в

Т т

Т Т

Т Т

т т т

т т т

Д д

Д Д

Д Д

д д д

д д д

Е е

Е Е

Е Е

е е е

е е е

Ё ё

Ё Ё
Ё Ё
ё ё ё
ё ё ё

Ж ж

Ж Ж
Ж Ж
ж ж ж
ж ж ж

З з

З З
З З
з з з
з з з

И и

И И
И И
и и и
и и и

Й й

Й Й
Й Й
й й й
й й й

К к

К К
К К
к к к
к к к

Л л

Л Л
Л Л
л л л
л л л

М м

М М
М М
м м м
м м м

Н н

Н Н
Н Н
н н н
н н н

О о

О О

О О

о о о

о о о

Ө ө

Ө Ө

Ө Ө

ө ө ө

ө ө ө

П п

П П

П П

п п п

п п п

Р р

Р Р

Р Р

р р р

р р р

С с

С С

С С

с с с

с с с

Т т

Т Т

Т Т

т т т

т т т

Ү ү

Ү Ү
Ү Ү
ү ү ү
ү ү ү

Ү ү

Ү Ү
Ү Ү
ү ү ү
ү ү ү

Ф ф

Ф Ф
Ф Ф
ф ф ф
ф ф ф

Х х

Х Х

Х Х

х х х

х х х

Ц ц

Ц Ц

Ц Ц

ц ц ц

ц ц ц

Ч ч

Ч Ч

Ч Ч

ч ч ч

ч ч ч

Ш ш

Ш Ш

Ш Ш

ш ш ш

ш ш ш

Щ щ

Щ Щ

Щ Щ

щ щ щ

щ щ щ

ъ

ъ ъ ъ

ъ ъ ъ

ы

ы ы ы

ы ы ы

ь

ь ь ь

ь ь ь

Э э

Э Э

Э Э

э э э

э э э

Ю ю

Ю Ю

Ю Ю

ю ю ю

ю ю ю

Я я

Я Я

Я Я

я я я

я я я

01 Сайн байна уу?

안녕하세요?

학습목표

1. 몽골어 인사말 익히기
2. 몽골어 의문첨사 익히기
3. 몽골어 지시대명사 익히기

1. 몽골 사람은 인사말을 어떻게 합니까?
2. 몽골어의 의문첨사에는 무엇이 있습니까?
3. 몽골어의 지시대명사에는 무엇이 있습니까?

어휘 및 표현

сайн	잘, 안녕
байна	있다
сонин	재미있는
хэн	누구
юу	무엇
багш	선생
оюутан	학생
энэ	이것
тэр	그것/저것
мэнд	인사
амрах	쉬다
баяртай	안녕히 가(계)세요

대화 1

Дөлгөөн	Сайн байна уу?
Мишээл	Сайн. Сайн байна уу?
Дөлгөөн	Сайн.

Дөлгөөн	Сонин сайхан юутай байна?
Мишээл	Юмгүй. Юу байна?
Дөлгөөн	Юмгүй.

Багш	Сайн байцгаана уу, оюутнууд аа?
Оюутан	Сайн. Та сайн байна уу?

대화 2

Дөлгөөн	Энэ юу вэ?
Мишээл	Энэ ном.
Дөлгөөн	Тэр юу вэ?
Мишээл	Тэр сургууль.

Дөлгөөн	Энэ хэн бэ?
Мишээл	Энэ Баатар.
Дөлгөөн	Тэр хэн бэ?
Мишээл	Тэр багш.

몽골의 기본 인사 표현

Сайн байна уу?	안녕하세요?
Сайн уу?	안녕(하세요)?
Сайхан амарсан уу?	잘 쉬셨나요?
Өглөөний мэнд!	좋은 아침입니다.
Өдрийн мэнд!	좋은 하루 되십시오.
Оройн мэнд!	좋은 저녁 되세요.
Сайхан амраарай!	잘 쉬세요.
Баяртай!	안녕히 가(계)세요.
Баяртай! Дараа уулзъя.	안녕히 가(계)세요. 다음에 뵙겠습니다.
Баяртай! Маргааш уулзъя.	안녕히 가(계)세요. 내일 뵙겠습니다.
Танилцсандаа таатай байна.	만나서 반갑습니다.
Уулзсандаа баяртай байна.	만나서 반갑습니다.

문법설명

1. 몽골어의 문장 구조 및 형태소 특징

몽골어의 문장 구조 즉, 단어의 배열순서(어순)는 한국어와 동일하다. 기본적으로 몽골어의 어순은 주어(S)-목적어(O)-동사(V) 등의 순서로 이루어진다. 이것은 한국어와 비슷한 문장 구조임을 다음과 같은 예에서 확인할 수 있다.

한국어: 철수가(S) 책을(O) 읽는다(V)
몽골어: Бат(S) ном(O) уншина(V)

또한 수식어, 즉 꾸며주는 말은 꾸밈을 받는 말인 피수식어에 선행하며 이것도 역시 어순에 있어 한국어와 많은 공통점을 발견할 수 있다.

한국어:	a. [새] [책]	(수식어-피수식어)
	b. [내가 읽은] [책]	(수식어-피수식어)
몽골어:	a. [шинэ] [ном]	(수식어-피수식어)
	b. [миний уншсан] [ном]	(수식어-피수식어)

몽골어는 교착어이다. 따라서 어근, 접미사 그리고 어미의 첨가에 의해 단어가 형성된다. 몽골어 특징상 접미사와 어미는 문장 내에서 문법적 관계를 나타내는 데에 결정적인 역할을 하며 이들 접미사와 어미들은 선행어의 뒤에 덧붙는 방법으로 단어를 구성한다.

몽골어의 형태적 특징 [[어근]어간] + [접미사] + [어미]

2. 몽골어 의문첨사

현대 몽골어 의문문에는 두 종류의 의문첨사가 있다. 바로 'бэ/вэ, уу/үү, юу/юү' 등이다. 의문문에 의문대명사 'хэн, юу, хэзээ, хаана, ямар, аль' 등이 있는 경우 첨사 'бэ/вэ'가 쓰인다. 'бэ'는 의문첨사 앞 단어의 어말음이 'н, м, в'로 끝나는 어휘에 연결되는 반면 'вэ'는 н, м, в 이외의 자음 또는 단모음으로 끝나는 단어 뒤에 쓰인다.

Тэр хэн бэ?
Энэ хэний ном бэ?
Энэ юу вэ?

한편 'уу/үү, юу/юү'는 의문대명사가 없는 문장에서 사용된다.
'УУ/ҮҮ?'는 자음이나 단모음으로 끝난 단어 뒤에, 'ЮУ/ЮҮ?'는 장모음이나 이중모음으로 끝난 단어 뒤에 붙는다.

Сайн байна уу?
Та оюутан уу?
Энэ ширээ юү?

→ 현대 몽골어 구어체에서는 청자의 의견 또는 입장을 확인 재촉하는 경우 의문대명사가 있는 문장이라도 'бэ/вэ'가 아닌, 'уу/үү' 첨사를 빈번하게 사용한다 .

Энэ **хэд үү**?
Хаашаа явах **уу**?
Юу хийх **үү**?

3. 지시대명사

지시대명사는 사물이나 장소, 시간을 가리키는 대명사를 말한다. 현대 몽골어에서 사물을 지시하는 대명사로는 'энэ(이/이것)', 'тэр(그/그것)'이 있으며, 복수형으로는 'эдгээр', 'тэдгээр'이 있다. 'Энэ'과 'тэр'은 말하는 사람과 듣는 사람 앞에 있는 물건을 대신 가리키는 대명사로, 말하는 사람에 더 가까이 있는 물건은 'энэ(이/이것)'으로, 멀리 있는 물건을 'тэр(그/그것)'으로 말한다.

Энэ юу вэ?	이것이 무엇입니까?
Энэ ном.	이것은 책입니다.
Тэр таны ном уу?	그것은 당신 책입니까?
Тийм, тэр миний ном.	네, 그것은 내 책입니다.

	단 수	복 수
근 칭	Энэ	Эдгээр
원 칭	Тэр	Тэдгээр

→ 한국어에는 말하는 사람과 듣는 사람 모두에게서 조금 떨어져 있는 물건을 가리킬 때 '저것'을 쓰는 데에 비해 몽골어에는 이 대명사가 없으며 그것' 과 '저것' 모두를 가리키는 'тэр' 하나로 쓰이는 것이 두드러진 차이점이다.

→ 한편, 말하는 사람과 듣는 사람 앞에 있지 않아도 말하는 사람과 듣는 사람 모두가 알고 있는 것일 때 한국어의 경우 '그것'을 쓰는 것이 일반적이다. 하지만 몽골어에는 'нөгөө(그/거시기)'라는 미지칭 지시대명사가 있다.

Чи нөгөө номоо авчирсан уу?
네가 그(저번에 이야기했던) 책을 가져왔어?

Тэр нөгөө хүн мөн үү?
그 사람이 전에 말했던(이야기한, 사람들이 유명하다고 하는 등) 사람이 맞습니까?

듣기 연습

1. 다음 내용을 잘 듣고 따라서 말하세요.

» Сайн байна уу?
» Сайн. Сайн байна уу?

» Сайн уу?
» Сайн. Сайн байна уу?

» Сонин сайхан юутай байна?
» Юмгүй. Юу байна?

» Сонин юу байна?
» Юмгүй. Тайван байна.

» Өглөөний мэнд!
» Өдрийн мэнд!
» Оройн мэнд!

» Сайхан амраарай!
» Баяртай!

2. 다음 내용을 잘 듣고 따라서 말하세요.

» Энэ юу вэ? .... Энэ ном.
» Тэр юу вэ? .... Тэр дэвтэр.

» Энэ юу вэ? .... Энэ сандал.
» Тэр юу вэ? .... Тэр ширээ.

» Энэ юу вэ? .... Энэ цас.
» Тэр юу вэ? .... Тэр цаас.

» Энэ хэн бэ? .... Энэ Баатар.
» Тэр хэн бэ? .... Тэр Мишээл.

» Энэ хэн бэ? .... Энэ оюутан.
» Тэр хэн бэ? .... Тэр багш.

읽기 연습

1. 다음 문형을 차례대로 읽어 보세요.

Энэ Тэр	юу	вэ?
Энэ Тэр	харандаа үзэг ном дэвтэр ширээ сандал хаалга цонх	(байна).

2. 다음 문형을 지시하는 위치에 따라 지시대명사를 바꾸어 읽어 보세요.

Энэ (хүн) Тэр (хүн)	хэн	бэ?
Энэ (хүн) Тэр (хүн)	багш оюутан найз Дөлгөөн Мишээл	(байна).

3. 다음 내용을 읽고 질문에 대답하세요.

Сайн байна уу? Би Дөлгөөн. Би монгол оюутан. Уулзсандаа баяртай байна.
Сайн уу? Би Минсү. Би солонгос оюутан. Баярлалаа.
Сайн байцгаана уу? Би Цэцэг. Би багш.

(1) Дөлгөөн оюутан уу? (O / X)

(2) Минсү багш уу? (O / X)

(3) Минсү солонгос хүн үү? (O / X)

(4) Цэцэг багш уу? (O / X)

추가 어휘

харандаа	연필
үзэг	만년필
ном	책
дэвтэр	노트/공책
ширээ	책상
сандал	의자
хаалга	문
цонх	창문
багш	선생
оюутан	학생
найз	친구
монгол	몽골
солонгос	한국

쓰기 연습

1. 다음 보기와 같이 문장을 만드세요.

보기 энэ / ном → Энэ ном.

(1) энэ / дэвтэр →

(2) тэр / хаалга →

(3) Дөлгөөн / монгол хүн →

(4) Минсү / солонгос оюутан →

(5) Цэцэг / багш. →

2. 다음 문장들을 몽골어로 번역하세요.

(1) 나는 학생입니다. →

(2) 민수는 한국 사람입니다. →

(3) 그 사람은 선생입니다. →

(4) 그 사람은 몽골 사람입니다. →

(5) 만나서 반갑습니다. →

3. 다음 표에 자신의 기본적인 정보를 적어 보세요.

이름	
국적	
직업	

4. 3번의 표를 토대로 글을 써 보세요.

말하기 연습

1. 다음 대화를 읽고 질문하는 억양과 대답하는 억양을 친구들과 함께 학습해 보세요.

(1) Энэ цонх уу? Энэ хаалга уу?
Энэ уул уу? Энэ үүл үү?
Тэр оюутан уу? Тэр багш уу?
Тэр сандал уу? Тэр ширээ юу?

(2) Энэ цонх уу?
Энэ уул уу, үүл үү?
Тэр оюутан уу, багш уу?
Тэр сандал уу, ширээ юу?

(3) Энэ цонх уу? ······ Энэ цонх.
Энэ хаалга уу? ······ Энэ хаалга.
Энэ уул уу? ······ Энэ уул.
Энэ үүл үү? ······ Энэ үүл.
Тэр оюутан уу? ······ Тэр оюутан.
Тэр багш уу? ······ Тэр багш.
Тэр сандал уу? ······ Тэр сандал.
Тэр ширээ юу? ······ Тэр ширээ
Энэ цонх уу, хаалга уу? ······ Энэ хаалга.
Энэ уул уу, үүл үү? ······ Энэ үүл.
Тэр оюутан уу, багш уу? ······ Тэр багш.
Тэр сандал уу, ширээ юу? ······ Тэр ширээ.

단원 평가

1. <보기>와 같이 уу/үү, бэ/вэ, юу/юү **중에서 알맞은 것을 고르고 문장을 완성하세요.**

보기

Таны нэр хэн __бэ__?

① бэ ② вэ ③ уу ④ үү ⑤ юу ⑥ юү

(1) Энэ юу ________?

① бэ ② вэ ③ уу ④ үү ⑤ юу ⑥ юү

(2) Тэр хэн ________?

① бэ ② вэ ③ уу ④ үү ⑤ юу ⑥ юү

(3) Энэ ном ________?

① бэ ② вэ ③ уу ④ үү ⑤ юу ⑥ юү

(4) Тэр харандаа ________?

① бэ ② вэ ③ уу ④ үү ⑤ юу ⑥ юү

(5) Энэ ус уу, сүү ________?

① бэ ② вэ ③ уу ④ үү ⑤ юу ⑥ юү

2. <보기>와 같이 문장을 완성하시오.

보기

Тэр оюутан __уу__, багш __уу__?

(1) Энэ үзэг ______, харандаа ______?

(2) Энэ толь бичиг ______, дэвтэр ______?

(3) Энэ ундаа ______, сүү ______?

(4) Тэр Болд ______, Дорж ______?

(5) Тэр хонь ______, үхэр ______?

몽골 문화

몽골인의 인사말

몽골 사람들은 일반적으로 “Сайн байна уу?, Сайн уу?” 등으로 인사를 나눈다. 그런데 이 두 가지 문형은 의미상으로 다소 차이가 있다. Сайн байна уу?는 초면인 경우 또는 어르신에게 존경을 담아 드리는 인사말인 반면 Сайн уу?는 동년배 또는 손아래사람에게 건네는 친근감의 표현으로 주로 사용된다.

오늘날 몽골 사람들에게 가장 많이 사용되는 안부의 표현으로 “Сонин сайхан юутай байна вэ?, Юмгүй дээ. Юутай байна?” 등이 있다. 이것은 일상에서 자주 만나는 친지들 간 건네는 인사말이라고 할 수 있다. 위의 인사말 외에도 아침(Сайхан амарсан уу?, Өглөөний мэнд!), 점심(Өдрийн мэнд!), 저녁(Оройн мэнд!) 등 해당 시간에 맞는 적절한 인사말을 익힐 필요성이 있다.

또한 저녁에 헤어질 때 건네는 표현으로 “Баяртай!” 말고는 “Сайхан амраарай!”도 일상에서 많이 쓰임을 알 수 있다. 몽골 사람들은 계절별로 상대방에게 안부를 묻는 인사말이 있다. 겨울에는 “Сайхан өвөлжиж байна уу?”, 봄은 “Сайхан хаваржиж байна уу?”, 여름은 “Сайхан зусч байна уу?”, 가을에는 “Сайхан намаржиж байна уу?” 등의 다양한 인사말을 살필 수 있다.

02 Миний найз

나의 친구

학습목표

1. 몽골어의 주격과 속격어미 익히기
2. 몽골어의 긍정 표현과 부정 표현 익히기
3. 몽골어의 인칭대명사 및 인칭대명사의 보충법 익히기

1. 격어미는 어떤 개념입니까?
2. 몽골어의 긍정과 부정 표현에는 무엇이 있습니까?
3. 인칭대명사의 보충법은 어떤 개념입니까?

어휘 및 표현

нэр	이름
анги	교실
сургууль	학교
хэн	누구
юу	무엇
ямар	어떤/무슨
хаана	어디
хэзээ	언제
аль	어느
яаж	어떻게

대화 1

Дөлгөөн Энэ хэн бэ?
Мишээл Энэ миний найз. Түүний нэр Минсү.
Дөлгөөн Тэр танай ангийн оюутан уу?
Мишээл Тийм. Тэр манай ангийн оюутан.
Дөлгөөн Тэр япон оюутан уу?
Мишээл Үгүй. Тэр солонгос оюутан.

대화 2

Туяа Таны нэр хэн бэ?
Минсү Миний нэр Минсү. Таны нэр хэн бэ?
Туяа Миний нэр Туяа.
Минсү Та багш уу?
Туяа Үгүй. Би багш биш. Би оюутан.

대화 3

Дөлгөөн Энэ хэний цүнх вэ?
Мишээл Энэ миний цүнх.
Дөлгөөн Тэр чиний харандаа юу?
Мишээл Тийм. Энэ миний харандаа.
Дөлгөөн Энэ чиний бал уу?
Мишээл Биш. Энэ миний бал биш. Багшийн бал.

문법설명

1. 몽골어의 격어미

격어미는 문장 내에서 명사가 다른 단어와 어떤 관계를 가지는지를 표지하는 문법 범주이다. 몽골어에서도 한국어와 마찬가지로 격어미가 존재한다. 몽골어에는 명사의 격어미가 총 8가지 있다. 이것은 바로 '주격, 소유격, 여·처격, 목적격, 도구격, 탈격, 공동격, 향격' 등이다.

1.1. 몽골어의 주격어미

주격어미는 체언이 한 문장에서 주어임을 나타내는 기능을 가진다. 몽골어의 주격어미는 한국어와 달리 영형태(zero morphem)로 표지됨으로 표면상으로는 아무 어미 없이 쓰인 것처럼 보일 수 있다.

1.2. 몽골어의 소유격(속격)어미

소유격어미는 명사와 명사 사이에 나타나 두 명사를 명사구로 묶어주면서 후행명사가 선행명사에 소속되는 또는 소유되는 관계에 있음을 나타내는 기능을 한다. 현대몽골어의 소유격어미는 '-ЫН/-Ы/-ИЙН/-ИЙ/-Н' 등의 5가지 이형태를 가진다.

설명	어미	예
'**-н**' 이외의 자음 및 남(양)성모음으로 끝난 단어 뒤에 연결한다.	-ЫН	арга → аргын ард → ардын сум → сумын
a. '**-н**'이외의 자음 및 여(음)성모음으로 끝난 단어 뒤에 연결한다. b. '**-ж**, **-ч**, **-ш**, **-г**, **-ь**, **-и**'으로 끝나는 단어 뒤에는 모음조화 원칙에 관계없이 '**-ИЙН**'을 연결한다.	-ИЙН	хүүхэд → хүүхдийн багш → багшийн анги → ангийн цаг → цагийн
어말음이 '**-н**'으로 끝난 남성모음 뒤에 연결한다. 장모음 또는 '**-н**'으로 끝난 여성모음 뒤에 연결한다.	-Ы	дайн → дайны дуу(н) → дууны оюутан → оюутны хаан → хааны
	-ИЙ	нэг(эн) → нэгний хүн → хүний хөдөө(н) → хөдөөний
이중모음이나 장모음 '**-ий**'로 끝나는 단어에 연결한다.	-Н	ой → ойн хэлзүй → хэлзүйн нохой → нохойн

2. 인칭대명사

인칭대명사는 사람을 가리키는 대명사는 말한다. 현대 몽골어 인칭대명사로는 말하는 사람을 가리키는 일인칭대명사 'би', 듣는 사람을 가리키는 이인칭대명사 'чи/та', 대화에 참여하지 않는 제삼자를 가리키는 삼인칭대명사 'энэ/тэр' 등이 있다.

	단 수	복 수
일인칭대명사	би	бид
이인칭대명사	чи, та	та нар
삼인칭대명사	Энэ (хүн), Тэр (хүн)	Эд, Тэд

몽골어 인칭대명사가 격어미를 취할 때 그의 어간 모습이 바뀐다는 점을 유의하여야 한다. 다음은 소유격어미가 연결된 것이다.

БИ	→	МИНИЙ	БИД(ЭН)	→	БИДНИЙ
ЧИ	→	ЧИНИЙ			
ТА	→	ТАНЫ	ТА НАР	→	ТА НАРЫН
ТЭР	→	ТҮҮНИЙ	ТЭД(ЭН)	→	ТЭДНИЙ

3. 긍정 표현과 부정 표현 1: ТИЙМ(그렇다), БИШ(아니오)

ТИЙМ

현대 몽골어의 긍정 표현으로는 'Тийм'(그렇다)가 있으며 듣는 사람이 말하는 사람이 한 말에 대하여 긍정하는 뜻, 즉 '옳다, 맞다'의 뜻으로 쓰인다.

Та солонгос хүн үү? 한국 분입니까?
Тийм, би солонгос хүн. 네, 저는 한국 사람입니다.

БИШ

현대 몽골어에서는 부정의 표현으로 'Үгүй'와 'Биш' 등이 있다.

Та япон хүн үү? 일본 분입니까?
Биш, би япон хүн биш. 아니요, 저는 일본 사람이 아닙니다.

Энэ таны ном уу? 이것은 당신 책입니까?
Биш, энэ миний ном биш. 아니요, 이것은 내 책이 아닙니다

4. 몽골어에서 자주 쓰이는 의문사

현대 몽골어에서 자주 쓰이는 의문사(의문대명사)는 다음과 같다.

Хэн?	누구?
Юу?	무엇?
Ямар?	어떤? 무슨?
Хэзээ?	언제?
Хаана?	어디?
Аль?	어느?
Яаж?	어떻게?

듣기 연습

1. 다음 문장을 잘 듣고 따라서 말하세요.

» Энэ хэний сурах бичиг вэ?
» Энэ хэний малгай вэ?
» Энэ юуны байшин бэ?
» Энэ юуны ширээ вэ?

» Энэ ном таны ном уу?
» Энэ дэвтэр багшийн дэвтэр үү?
» Тэр малгай миний малгай юу?
» Тэр гутал чиний гутал уу?

» Тэр ахын морь уу, миний морь уу?
» Энэ манай ангийн сандал уу, танай ангийн сандал уу?
» Энэ самбарын алчуур уу, ширээний алчуур уу?
» Тэр хоолны халбага уу, цайны халбага уу?

2. 다음 문장을 잘 듣고 따라서 말하세요.

» Энэ миний ном, тэр чиний дэвтэр.
» Тэр миний эгч, энэ чиний эгч.
» Энэ голын ус, тэр цасны ус.
» Энэ ангийн үүд, тэр ангийн цонх.

» Энэ номын шүүгээ.
» Энэ миний номын шүүгээ.
» Энэ миний шинэ номын шүүгээ.
» Энэ миний хоёр шинэ номын шүүгээ.
» Энэ миний хоёр шинэ модон номын шүүгээ.

» Ахын дээл тэнд байна.
» Болдын ахын дээл тэнд байна.
» Болдын ахын хуучин дээл тэнд байна.
» Болдын ахын хуучин том дээл тэнд байна.
» Болдын ахын хуучин том торгон дээл тэнд байна.
» Болдын ахын хоёр хуучин том торгон дээл тэнд байна.

읽기 연습

1. 다음 문형을 순서에 따라 어휘를 바꾸어 읽어 보세요.

Энэ Тэр	хэний	харандаа үзэг ном дэвтэр ширээ сандал анги сургууль	бэ? вэ?
Энэ Тэр	миний чиний найзын багшийн эгчийн ахын	харандаа үзэг ном дэвтэр ширээ сандал анги сургууль	(байна).

2. 다음 문형을 차례대로 읽어 보세요.

Энэ Тэр	хэн	бэ?

Энэ (хүн) Тэр (хүн)	миний чиний найзын багшийн эгчийн ахын аавын ээжийн	багш оюутан найз ах эгч дүү	(байна).

3. 다음 문형을 주어진 순서에 따라 읽어 보세요.

<table>
<tr><td>Энэ
Тэр</td><td>миний
чиний
таны
найзын
багшийн
эгчийн
ахын
тэр хүний</td><td>компьютер
таблет
гар утас
цүнх
малгай
хувцас</td><td>уу?
үү?
юу?
юү?</td></tr>
</table>

<table>
<tr><td>Тийм.</td><td>Энэ
Тэр</td><td>миний
чиний
таны
найзын
багшийн
эгчийн
ахын
тэр хүний</td><td>компьютер
таблет
гар утас
цүнх
малгай
хувцас</td><td>(байна).</td></tr>
</table>

<table>
<tr><td>Биш</td><td>Энэ
Тэр</td><td>миний
чиний
таны
найзын
багшийн
эгчийн
ахын
тэр хүний</td><td>компьютер
таблет
гар утас
цүнх
малгай
дээл</td><td>биш,</td><td>миний
чиний
таны
найзын
багшийн
эгчийн
ахын
тэр хүний</td><td>компьютер.
таблет.
гар утас.
цүнх.
малгай.
дээл.</td></tr>
</table>

추가 어휘

аав	아버지
ээж	어머니
ах	형/오빠
эгч	누나/언니
компьютер	컴퓨터
таблет	테블릿
гар утас	휴대폰
цүнх	가방
малгай	모자
дээл	델(옷)
шинэ	새
хуучин	헌
том	큰
жижиг	작은

쓰기 연습

1. <보기>와 같이 다음 단어에 소유격어미를 연결해 써 보세요.

보기

сургууль ➡ сургуулийн

(1) би → ____________

(2) та → ____________

(3) дэлхий → ____________

(4) хаан → ____________

(5) ширээ → ____________

(6) ном → ____________

(7) анги → ____________

(8) багш → ____________

(9) сургууль → ____________

(10) чи → ____________

(11) тэр → ____________

(12) эрэгтэй → ____________

(13) дайн → ____________

(14) дуу → ____________

(15) уул → ____________

(16) жолооч → ____________

(17) ээж → ____________

(18) морь → ____________

2. 괄호 안의 단어에 소유격어미를 붙여 질문 문장을 완성한 뒤, 질문에 대답해 보세요.

(1) **А:** ____________(та) нэр хэн бэ?

Б: ____________

(2) **А:** ____________(чи) утасны дугаар хэд вэ?

Б: ____________

(3) **А:** ____________(та нар) ширээ хаана байна вэ?

Б: ____________

(4) **А:** ____________(тэр) аав юу хийдэг вэ?

Б: ____________

(5) **А:** ____________(тэд) анги хэдэн давхарт байдаг вэ?

Б: ____________

말하기 연습

1. 다음 대화를 읽고 질문하는 억양과 대답하는 억양을 친구들과 함께 연습해 보세요.

(1) Энэ хэний ном бэ? …… Энэ миний ном.
Энэ чиний ном уу? …… Тийм. Энэ миний ном.
Тэр чиний дэвтэр үү? …… Үгүй. Тэр миний дэвтэр биш.

(2) Энэ хэний ном бэ? …… Энэ миний ном.
Энэ чиний ном уу? …… Тийм. Энэ миний ном.
Тэр чиний дэвтэр үү? …… Үгүй. Тэр миний дэвтэр биш.

(3) Энэ сонирхолтой ном уу? …… Тийм. Энэ сонирхолтой ном.
Энэ сайн үзэг үү? …… Тийм. Энэ сайн үзэг.
Тэр шинэ оюутан уу? …… Тийм. Тэр шинэ оюутан.
Тэр муу хүн үү? …… Үгүй. Тэр муу хүн биш.

(4) Энэ шинэ ном уу, хуучин ном уу?
Дөлгөөн сайн оюутан уу, муу оюутан уу?
Тэр хүн сайн багш уу, муу багш уу?
Энэ хар бал уу, улаан бал уу?

(5) Дөлгөөн ямар оюутан бэ? …… Дөлгөөн сайн оюутан.
Энэ ямар ном бэ? …… Тэр сайн ном.
Энэ юуны ном бэ? …… Энэярианы ном.
Аль ном сайн бэ? …… Энэ ном сайн.
Чи ямар/аль ангийн оюутан бэ? …… Би монгол хэлний ангийн оюутан.

단원 평가

1. <보기>와 같이 다음 문장에 대한 응답으로 알맞은 것을 고르세요.

보기

Энэ таны дүү юү?

① Биш. Энэ миний дүү. ② Биш. Энэ миний эгч биш.
③ Тийм. Энэ миний дүү. ④ Тийм. Энэ миний ах.

(1) Энэ танай анги уу?

① Биш. Энэ танай анги биш. ② Биш. Энэ манай ангийн багш биш.
③ Тийм. Энэ манай багш. ④ Тийм. Энэ манай анги.

(2) Тэр толь бичиг таны толь бичиг үү?

① Биш. Энэ миний толь бичиг биш. ② Биш. Энэ чиний толь бичиг биш.
③ Тийм. Энэ сайн толь бичиг. ④ Тийм. Тэр толь бичиг мөн.

(3) Энэ танай ангийн багшийн ном уу?

① Тийм. Манай ангийн багш сайн багш. ② Тийм. Манай ангийн багшийн ном.
③ Биш. Энэ ярианы багшийн ном биш. ④ Биш. Энэ ном биш, дэвтэр.

(4) Тэр ямар хичээлийн дэвтэр вэ?

① Тийм. Энэ хичээлийн дэвтэр. ② Биш. Энэ миний дэвтэр биш.
③ Энэ миний шинэ дэвтэр. ④ Энэ унших хичээлийн дэвтэр.

(5) Тэр юуны түлхүүр вэ?

① Энэ миний түлхүүр. ② Энэ манай ангийн түлхүүр.
③ Энэ шинэ түлхүүр. ④ Энэ манай түлхүүр.

몽골 문화

몽골인의 음식 문화: 5색 음식

한국은 농경문화의 바탕 위에 곡류를 주식으로 하고 있으며 몽골은 유목문화를 기반으로 한 고기를 씹는 조직감을 즐기는 식문화를 가지고 있다. 한국의 식생활이 주식인 밥과 여러 가지 반찬을 부식으로 먹는 것이 일상적 형태라면 몽골은 주식인 고기와 오색 음식을 부식으로 같이 먹는 것이 한국인의 식생활과는 전혀 다른 식사 형태이다. 수천 년간 이어져 내려온 몽골 유목민의 5색 음식을 소개하면 다음과 같다.

백색 음식: 유제품　**적색 음식: 육류**　**흑색 음식: 차**

녹색 음식: 채소류　**황색 음식: 곡류**

5색 음식 가운데 몽골을 대표하는 백색 음식은 5축의 젖을 활용한 약 34종에 이르는 유제품을 들 수 있다. 예로부터 몽골인들은 모든 축제나 행사 때 "아름다운 가축들이 들판에 가득 차 타락이나 아이락(마유주)의 통을 부유하게 하소서!"라고 외치며 고수레를 행하는 유목 관습이 지금까지 전해오고 있다. 유제품 가운데 특히 조선 시대 왕들이 즐겨 먹었다는 타락(요플레)은 15세기 전 문헌에 나올 정도로 중세 시기 몽골의 유가공 기술이 뛰어났음을 알 수 있다.

03 Оюутны байр
기숙사

학습목표

1. 몽골어 여·처격어미의 용법 익히기
2. 몽골어의 시제종결어미 익히기
3. 존재와 부재의 표현 익히기

1. 여·처격어미는 어떤 문법소입니까?
2. 시제종결어미는 어떤 개념입니까?
3. 존재동사는 어떤 개념입니까?

어휘 및 표현

оюутны байр	기숙사
амьдрах	살다, 생활하다
суух	1. 앉다 2. 살다, 거주하다
олон	많다
гадаад оюутан	외국인 학생
өрөө	방
гал тогоо	부엌
номын сан	도서관
давтах	복습하다, 연습하다
цэвэрхэн	깨끗하다
саруулхан	밝다
дулаахан	따듯하다
бэлтгэл анги	어학당
давхар	층
хятад	중국
япон	일본

본문

Оюутны байр

Би оюутны байранд амьдардаг. Манай оюутны байранд олон гадаад оюутан байдаг. Миний өрөөнд бичгийн ширээ, сандал, хувцасны шүүгээ, бас ор бий. Харин гал тогоо байхгүй. Манай оюутны байранд нийтийн гал тогоо бий. Би тэнд хоолоо хийж иддэг. Манай сургуулийн хажууд номын сан байдаг. Номын санд олон ном бий. Номын санд олон оюутан байна. Би хичээлийн дараа номын санд суудаг. Харин орой оюутны байранд хичээлээ давтдаг. Манай оюутны байр цэвэрхэн, саруулхан, бас дулаахан.

대화 1

Туяа Минсү! Чи хаана амьдардаг вэ?
Минсү Би гадаад оюутны байранд амьдардаг. Харин чи?
Туяа Би хорооллын эцэст амьдардаг.

대화 2

Туяа Минсү! Чи аль ангид сурдаг вэ?
Минсү Би монгол хэлний бэлтгэл ангид сурдаг.
Туяа Танай анги хэдэн давхарт байдаг вэ?
Минсү Манай анги гурван давхарт байдаг.

대화 3

Туяа Танай ангид олон оюутан байдаг уу?
Минсү Тийм. Манай ангид олон оюутан байдаг.
Туяа Танай ангид хятад оюутан бий юу?
Минсү Тийм. Манай ангид хятад оюутан бий.
Туяа Танай ангид япон оюутан бий юу?
Минсү Үгүй. Манай ангид япон оюутан байхгүй.

문법설명

1. 몽골어의 여·처격어미

현대 몽골어의 여·처격은 동작 및 행위가 행해지는 장소나 위치를 나타내기도 하고 행위의 진행 방향이나 목적지 또는 시간이나 때 등 다양한 의미를 나타낸다.

(1) 장소나 위치를 나타내는 명사에 붙여 사람이나 사물이 존재하거나 위치하는 곳을 나타낸다.

Би оюутны байранд амьдардаг.
Би Сөүл хотод төрсөн.
Би одоо монголд байна.

(2) 시간을 나타내는 말에 붙어 어떤 동작이나 행위, 상태가 일어나는 시간이나 때를 나타낸다.

Би өглөө 6 цагт босдог.
Маргааш 9 цагт хичээлтэй.

(3) 'явах, очих, ирэх' 등의 동사와 함께 쓰여 행위의 진행 방향이나 목적지를 나타낸다.

Би сургуульд явна.
Миний найз манай гэрт ирсэн.

(4) 어떤 상황이나 사태의 원인을 나타낸다.

Энэ мод салхинд унасан.
Би бороонд нэвт норчихов.

현대 몽골어의 여·처격어미는 '-Д/-Т'이라는 2가지 이형태를 가진다.

주로 모음 및 '**г**, (**р**), **с**, **т**' 이외의 자음으로 끝난 단어 뒤에 연결한다.	-Д	анги → ангид сар → сард хүн → хүнд
'**д**, **ж**, **з**, **т**, **ч**, **ц**, **ч**, **ш**, **х**'로 끝난 단어 뒤에는 **д** 앞에 모음조화 규칙에 따른 해당 모음을 삽입하고 **д** 어미를 연결한다.	-Д	багш → багшид эмч → эмчид ах → ахад
주로 '**г**, (**р**), **с**, **т**' 자음으로 끝난 단어 뒤에 연결한다.	-т	аймаг → аймагт газар → газарт эцэс → эцэст

2. 몽골어의 시제종결어미

시제란 어떤 행위나 상태가 어떤 시점에 있는지를 나타낸다. 현대 몽골어에서 시제 표지는 종결어미를 통해서 나타난다. 일반적으로 시제는 현재, 과거, 미래로 삼분할 수 있지만 이 교재에서는 과거시제와 비과거시제로 이분해서 볼 것이다. 현재와 미래를 표지하는 어미가 동일하기 때문이다.

2.1. 몽골어의 비과거시제 -на/-нэ/-но/-нө

몽골어 비과거시제의 대표적인 어미는 '-на/-нэ/-но/-нө'이다. 이 어미는 말을 하고 있는 시점을 기준으로 현재 또는 미래에 일어나는 행위나 상태를 나타내는 시간 표현이다. 몽골어의 '-на/-нэ/-но/-нө' 어미는 존재의 의미를 나타내는 'байна' 이외에는 미래의 시간을 표시한다고 볼 수 있다.

Надад үзэг, харандаа, ном дэвтэр байна.
Тэр дэлгүүрт будаа байна.
Би одоо гэртээ байна.

2.2. 몽골어의 비과거시제: 반복의 의미 -даг/-дэг/-дог/-дөг

몽골어 문어나 구어체에서 어떤 행위가 습관적으로 일어나거나 반복되어 일어남을 나타내는 종결어미 '-даг/-дэг/-дог/-дөг'가 있다.

Би оюутны байранд амьдардаг.
Тэр монгол хэлээр сайн ярьдаг.
Зун бороо их ордог.

3. 존재와 부재의 표현

3.1. 존재의 표현 байна/бий

존재의 표현 'байна/бий'는 의미상으로 유사하고 혼용되는 경우가 많지만 'байна'는 말하는 사람이 어떤 사물의 존재를 정확히 인지하지 못하고 있거나 확인하는 경우, 또는 어떤 사물이 일시적으로 존재하는 사실에 대하여 말할 때 사용한다.

> Надад үзэг, харандаа, ном дэвтэр байна.
> Тэр дэлгүүрт будаа байна.
> Би одоо гэртээ байна.

한편, 'бий'는 말하는 사람이 어떤 사물의 존재를 이전부터 알고 있거나, 또는 어떤 사물이 항상 존재하는 경우 사용한다.

> Надад үзэг, харандаа, ном дэвтэр бий.
> Тэр дэлгүүрт будаа бий.
> Тэр одоо гэртээ бий.
> *Би одоо гэртээ бий.

3.2. 부재의 표현 байхгүй/алга

부재의 표현 'байхгүй/алга'는 의미상으로 유사하고 혼용되는 경우가 많지만 'алга'는 말하는 사람이 어떤 사물의 부재를 확인하거나, 또는 어떤 사물이 일시적으로 부재하는 사실에 대하여 말할 때 사용한다.

> Надад одоо юу ч алга.
> Тэр гэртээ алга.
> Дэлгүүрт мах алга.

한편, 'байхгүй'는 말하는 사람이 어떤 사물의 부재를 이전부터 알고 있거나, 또는 어떤 사물이 본래부터 부재하는 경우 사용한다.

> Надад юу ч байхгүй.
> Надад толь бичиг байхгүй.
> Тэр дэлгүүрт хүнсний бараа байхгүй.

듣기 연습

1. 다음 문장을 잘 듣고 따라서 말하세요.

» Энд юу байна вэ? ...... Энд ширээ, сандал, самбар байна..
» Тэнд юу байна вэ? ...... Тэнд ном, дэвтэр, энэ тэр байна.
» Энд хэн байна вэ? ...... Энд багш байна.
» Ангид багш байна уу? ...... Ангид багш алга байна.
» Чамд толь бичиг бий юу? ...... Надад толь бичиг бий.
» Чамд сурах бичиг бий юу? ...... Надад сурах бичиг байхгүй.

2. 다음 문장을 잘 듣고 따라서 말하세요.

» Чи юу хийдэг вэ? ...... Би сурдаг.
» Чи юу хийдэг вэ? ...... Би оюутан.
» Та хаана сурдаг вэ? ...... Би их сургуульд сурдаг.
» Та аль ангид сурдаг вэ? ...... Би монгол хэлний ангид сурдаг.
» Тэр хаана амьдардаг вэ? ...... Тэр оюутны байранд амьдардаг.
» Тэр хэдэн давхарт суудаг вэ? ...... Тэр дөрвөн давхарт суудаг.

» Танай ангид олон оюутан байдаг уу? ...... Тийм. Манай ангид олон оюутан байдаг.
» Танай ангид япон оюутан бий юу? ...... Тийм. Манай ангид япон оюутан бий.
» Танай ангид орос оюутан бий юу? ...... Үгүй. Манай ангид орос оюутан байхгүй.

» Тэр орос оюутан одоо ангид байна уу? ...... Алга. Тэр ангид алга байна.
» Тэр хятад оюутан одоо ангид байна уу? ...... Байна. Тэр ангид байна.

읽기 연습

1. 다음 문형을 차례대로 읽어 보세요.

<table>
<tr><td>Чи
Та
Та нар
Тэр
Тэд нар</td><td>хаана</td><td>амьдардаг
суудаг
сурдаг</td><td>вэ?</td></tr>
</table>

<table>
<tr><td>Би
Бид нар
Тэр
Тэд нар</td><td>оюутны байранд
хорооллын эцэст
гэрт
бэлтгэл ангид
их сургуульд
монголд
солонгост
хятадад</td><td>амьдардаг.
суудаг.
сурдаг.</td></tr>
</table>

2. 다음 문형을 차례대로 읽어 보세요.

<table>
<tr><td>Чи
Та
Та нар
Тэр
Тэд нар</td><td>ямар</td><td>ангид
сургуульд
оронд</td><td>сурдаг</td><td>вэ?</td></tr>
</table>

<table>
<tr><td rowspan="3">Би
Бид нар
Тэр
Тэд нар</td><td>бэлтгэл
монгол хэлний
нэгдүгээр</td><td>ангид</td><td rowspan="3">сурдаг.</td></tr>
<tr><td>их
ахлах
дунд
бага</td><td>сургуульд</td></tr>
<tr><td colspan="2">монголд
солонгост
хятадад</td></tr>
</table>

3. 다음 문형을 주어진 순서에 따라 읽어 보세요.

Чамд Танд Та нарт Түүнд Тэд нарт Багшид Найзад	бал харандаа толь бичиг компьютер гар утас цүнх малгай дээл	байна	уу?
		бий	юү?

Тийм.	Надад Бид нарт Түүнд Тэд нарт Багшид Найзад	бал харандаа толь бичиг компьютер гар утас цүнх малгай дээл	байна.
			бий.

Үгүй.	Надад Бид нарт Түүнд Тэд нарт Багшид Найзад	бал харандаа толь бичиг компьютер гар утас цүнх малгай дээл	байхгүй.
			алга.

추가 어휘

ахлах сургууль	고등학교
бага сургууль	초등학교
бичгийн ширээ	책상
бичих	쓰다, 필기하다
бэлтгэл анги	예비반
гар утас	휴대전화
гэр	집
дунд сургууль	중학교
заримдаа	가끔, 때때로
идэх	먹다
ирэх	오다
их сургууль	대학교
мэйл	메일
номын сан	도서관
одоо	지금
олон	많은, 많이
орос	러시아
очих	가다, 도착하다
өгөх	주다
өрөө	방
самбар	칠판
сонсох	듣다
суух	앉다, 타다
ярих	이야기하다, 말하다

쓰기 연습

1. 다음 질문에 대해 대답하는 문장을 <보기>와 같이 만들어 보세요.

질문

Хаана юу байдаг вэ?

보기

Хот ➡ Хотод байшин, машин, цэцэрлэгт хүрээлэн байдаг.

(1) Хөдөө →

(2) Сургууль →

(3) Дэлгүүр →

(4) Гудамж →

(5) Анги →

2. 다음 문장을 <보기>와 같이 종결어미 '-даг⁴'로 바꿔 쓰고 번역해 보세요.

보기

Өнөөдөр би хичээлийн дараа номын сан ~~явна.~~ ➡ явдаг.

해석: 오늘은 방과 후 도서관에 갑니다.

(1) Орой гэртээ хөгжим сонсоно. →

해석:

(2) Би бараг өдөр бүр сургуульдаа явна. →

해석:

(3) Заримдаа шөнө орой тахиа иднэ. →

해석:

(4) Найздаа дандаа мэйл бичнэ. →

해석:

(5) Өдөр бүр би утсаар ярина. →

해석:

3. 다음 질문에 대답해 보세요.

(1) **А:** Номын дэлгүүр хаана байдаг вэ?

Б: ____________________

(2) **А:** Сургуулийн 1 давхарт юу зардаг вэ?

Б: ____________________

(3) **А:** Танай өрөөнд юу юу бий вэ?

Б: ____________________

(4) **А:** Танай ангид гадаад оюутан бий юу?

Б: ____________________

(5) **А:** Чиний цүнхэнд юу алга байна вэ?

Б: ____________________

말하기 연습

1. 다음 대화를 읽고 질문하는 억양과 대답하는 억양을 친구들과 함께 연습해 보세요.

(1) Та одоо ямар сургуульд сурдаг вэ? ······ Би Монгол улсын их сургуульд сурдаг.
Та ямар ангид сурдаг вэ? ······ Би монгол хэлний ангид сурдаг.

(2) Та хаана амьдардаг вэ? ······ Би оюутны байранд амьдардаг.
Та хэдэн давхарт амьдардаг вэ? ······ Би дөрвөн давхарт амьдардаг.

(3) Танд олон гадаад найз бий юу? ······ Тийм. Надад олон гадаад найз бий.
Танд монгол найз бий юу? ······ Тийм. Надад монгол найз бий.
Танд орос найз байна уу? ······ Үгүй. Надад орос найз байхгүй.

(4) Танай найз тэнд амьдардаг уу? ······ Үгүй. Манай найз энд амьдардаг.
Танай найз гэртээ байна уу? ······ Алга. Тэр гэртээ алга.

(5) Чи хэнд өгсөн бэ? ······ Эгчид өгсөн.

Энэ юунд хэрэгтэй вэ? ······ Энэ миний ажилд хэрэгтэй.

Болдод толь бичиг бий юу? ······ Бий. Болдод толь бичиг бий.

Таны төрсөн өдөр хэдэн сард болдог вэ? ······ Миний төрсөн өдөр нэг сард болдог.

단원 평가

1. <보기>와 같이 다음 빈칸에 알맞은 것을 골라 문장 또는 대화를 완성하세요.

보기

Их дэлгүүр (　　　) байдаг вэ?

① хэн　② хэзээ　③ хаана　④ яагаад

(1) Таны төрсөн өдөр ________ вэ?

① яагаад　② хэзээ
③ хэн　④ хаана

(2) Нэг ________ номын сан байдаг.

① давхарт　② удаа
③ хүн　④ хоол

(3) Би өдөр бүр хичээлээ ________.

① давт　② давтдаг
③ давтах　④ давтжээ

(4) Надад юу ч ________.

① байна　② байхгүй
③ байдаг　④ байх

(5) А: Танд солонгос найз бий юу?　Б: ________

① Тийм. Надад солонгос найз байхгүй.　② Үгүй. Надад солонгос байдаг.
③ Тийм. Надад солонгос найз бий.　④ Үгүй. Надад солонгос найз бий.

몽골 문화

설(명절)

몽골의 설인 차강사르(цагаан сар)는 봄이 시작되는 음력 1월 1일 즉 새해의 첫날을 기념하는 날로 몽골에서 가장 큰 명절이다. 차강사르의 '차강(цагаан)'이란 '흰색'을, '사르(сар)'란 '달'을 의미한다. 몽골 사람들은 고대로부터 흰색을 '순결함, 존귀함, 고결함, 아름다움, 행복'의 상징인 동시에 사악함과 숨김이 없는 것의 상징으로 여겨왔다. 또한 흰색은 신성과 관련된 색이며 동시에 처음, 시작을 상징한다.

마르코 폴로의 견문록에는 "한 해를 2월부터 시작하며, 새해가 시작되는 날 칸을 비롯한 나라 백성 모두가 흰옷을 입는 것이 관례이다. 흰옷은 좋은 것, 길조로 간주되기 때문인데, 1년 내내 행복과 운이 깃들기를 바라는 마음에서 이날 흰옷을 입는다."라고 했다. 또 "이날 칸에게 속한 모든 사람들, 각 지방과 여러 나라에서 온갖 보석류를 비롯해 값진 흰 피륙을 칸에게 헌상했다."라고 한 것을 보면 예로부터 몽골에 흰색을 존숭하는 관습이 매우 보편적으로 퍼져 있었음을 알 수 있다.

몽골인들은 차강사르를 일 년 중 가장 풍요로운 날로 삼아, 이날을 위해 가을부터 음료나 음식을 준비한다. 차강사르의 음식을 보면 차강이데가 풍부하다는 이전의 의미를 여전히 간직하고 있음을 알 수 있다. 가을부터 시작하여 차강사르를 목적으로 말젖으로 만드는 마유주(아이락)나 낙타젖술 등의 발효주를 만들고, 차강이데인 우름, 뱌스락(치즈), 아롤, 버터 등을 준비해 두었다가 이날 손님이 오면 대접한다. 차강사르에는 보통 술을 많이 마시거나 권하는 것을 삼가며, 술을 마시고 노래하는 것을 금한다. 섣달그믐날부터 새해 첫 3일까지는 대체로 마유주나 소젖으로 만든 도수가 낮은 술(쉬밍 아리히)을 마시지만 독주를 삼간다.

새해 첫날 집안사람들은 일찍 일어나 새로 마련해 둔 옷을 단정하게 입고 새해를 맞는다. 차강사르 아침에 일찍 일어나면 한 해 동안 모든 일이 잘 풀린다고 생각한다. 오후가 되면 식구들은 집안의 어른이 사는 집을 시작으로 하여 친척 집이나 스승의 집을 돌며 새해 인사를 한다. 일반적으로 모자를 쓰고, 옷의 단추를 잘 여미고 부드러운 시선으로 인사를 한다. 인사를 할 때는 하닥을 잡고 하는 방법과 하닥을 잡지 않고 하는 방법이 있는데, 하닥을 잡지 않고 인사를 할 때는 어른이 팔을 위로 하고 아랫사람이 팔을 아래로 잡고 어른이 손아랫사람의 이마 위에 가볍게 입술을 대는 듯이 하며 냄새를 맡는다. 하닥은 존중의 예를 행할 때 사용하는 매우 얇고 긴 천을 이르는 것으로 하닥을 잡을 때는 접어서 열린 부분을 상대방 쪽으로 향하게 한다. 이것은 상대방을 향해 마음을 열어 진심을 전한다는 의미를 갖는다.

MEMO

04 Би солонгосоос ирсэн

나는 한국에서 왔습니다.

학습목표

1. 몽골어의 탈격어미 익히기
2. 몽골어의 과거시제종결어미 익히기
3. 몽골어의 대등연결어미 익히기

1. 탈격어미는 어떤 문법소입니까?
2. 과거시제종결어미는 어떤 개념입니까?
3. 대등연결어미는 어떤 개념입니까?

어휘 및 표현

солонгос улс	한국
ирэх	오다
Сөүл	서울
нас	나이
сурах	배우다
Монгол Улсын Их Сургууль	몽골국립대학교
монгол хэлний тэнхим	몽골어과
хол	멀다
хүртэл	~까지
алхах	걷다, 걸어가다
эрт	일찍
гарах	나가다
саяхан	방금, 최근
тарах	끝나다
хийх	하다, 만들다
хичээлээ давтах	수업을 복습하다, 공부하다

본문

Би солонгосоос ирсэн.

Би солонгос улсаас ирсэн. Би Сөүлээс ирсэн. Миний нэр Ким Минсү. Би хорин нэгэн настай. Би солонгост нэг жил монгол хэл сурсан. Одоо Монгол Улсын Их Сургуульд монгол хэлний тэнхимд сурдаг. Би монголд ирээд олон монгол найзтай болсон. Энэ миний найз Дөлгөөн. Тэр хорин хоёр настай. Тэр Дархан хотоос ирсэн. Одоо тэр оюутны байранд амьдардаг. Би бас оюутны байранд амьдардаг. Манай оюутны байр сургуулиас хол биш. Оюутны байрнаас сургууль хүртэл 15 (арван таван) минут алхдаг. Би өглөө гэрээсээ эрт гардаг.

대화 1

Туяа	Та хаанаас ирсэн бэ?
Минсү	Би Солонгосоос ирсэн.
Туяа	Аль(ямар) хотоос ирсэн бэ?
Минсү	Сөүл хотоос ирсэн.
Туяа	Та хэзээ ирсэн бэ?
Минсү	Би саяхан ирсэн.

대화 2

Туяа	Танай хичээл хэдэн цагт тардаг вэ?
Минсү	Манай хичээл нэг цагт тардаг.
Туяа	Та хичээлээ тараад юу хийдэг вэ?
Минсү	Би хичээлээ тараад гэртээ ирдэг.
Туяа	Гэртээ ирээд юу хийдэг вэ?
Минсү	Гэртээ ирээд хичээлээ давтдаг.

대화 3

Дөлгөөн	Чи хэдэн настай вэ?
Мишээл	Би хорин настай.
Дөлгөөн	Чи хэдэн ахтай вэ?
Мишээл	Би нэг ахтай.
Дөлгөөн	Чи дүүтэй юу?
Мишээл	Үгүй. Би дүүгүй.

문법설명

1. 몽골어의 탈격어미

현대 몽골어의 탈격어미는 '-аас/-ээс/-оос/-өөс' 등의 4가지의 이형태를 가지며 그의 용법은 다음과 같다.

(1) 그 대상이 어떤 행위나 상태의 출발점이나 시작점임을 나타낸다.

Би солонгосоос ирсэн.
Солонгосоос захиа ирсэн.
Эндээс эхлэе.

(2) 어떤 행위나 상태가 시작되는 시점을 나타낸다. 이 경우 뒤에 'хүртэл(-까지)'이 덧붙어 짝을 이루기도 한다.

Хичээл өнөөдрөөс эхлэнэ.
Өглөөнөөс орой хүртэл сургуульд дээр байсан.
Би өнгөрсөн зунаас Монголд амьдарч байна.

(3) 어떤 사람이나 물건의 일부임을 나타낸다.

Миний даалгавраас хагасыг нь хийж өгөөч.
Үүнээс идээрэй.

(4) 비교의 기준이 될 수 있다.

Сүүнээс цагаан
Цуснаас улаан
Үүнээс илүү муу зүйл гэж үгүй.

(5) 탈격어미 '-аас/-ээс/-оос/-өөс'는 모음조화에 따라 연결한다.

모음과 자음으로 끝난 단어 뒤에 모음조화 규칙에 따라 연결한다.	-аас -ээс -оос -өөс	ах → ахаас гэр → гэрээс эрдэнэ → эрдэнээс
단어가 장모음, 이중모음으로 끝나면 숨은 **-н**, 또는 **-г** 자음을 삽입한다.		санаа → санаанаас хөдөө → хөдөөнөөс гахай → wгахайнаас далай → далайгаас
숨은 **-н**, 또는 **-г** 자음을 갖고 있던 명사에서는 숨어 있던 **-н**, **-г**가 표면에 등장한다		хонь → хониноос сан → сангаас чийдэн → чийдэнгээс
단어가 **и**로 끝나면 탈격어미의 첫 모음을 생략하고 연결한다. 또한 단어의 끝이 **ь**로 끝나면 **ь**를 **и**로 바꾸어 탈격어미를 연결한다.		анги → ангиас хань → ханиас сургууль → сургуулиас

2. 몽골어 구어체에서의 과거시제 -сан/-сэн/-сон/-сөн

시제란 어떤 행위나 상태가 어떤 시점에 있는지를 나타낸다. 현대 몽골어에서 시제 표지는 종결어미를 통해서 나타나지만 구어체에서는 약간 다른 현상이 보일 수 있다. 예를 들어, 몽골어 과거시제 종결어미로 '-в/жээ/-чээ/лаа^{4}' 등의 어미가 따로 있지만 구어체에서는 형동사(관형사형)어미 '-сан/-сэн/-сон/-сөн' 어미가 많이 쓰인다. 따라서 먼저 이 어미에 대하여 다루기로 한다.

(1) 평서문: 동사 + -сан^{4}

Би солонгосоос ирсэн.
Миний найз монгол явсан.
Номын дэлгүүрээс толь бичиг авсан.

(2) 의문문: 동사 + -сан^{4} уу^{2}/бэ?

Та хөдөөнөөс ирсэн үү?
Энэ номыг хаанаас авсан бэ?

(3) 부정문: 동사 + -сангүй4 / 동사 + -аагүй4

Надад нэг төгрөг ч үлдсэнгүй.
Надад нэг төгрөг ч үлдээгүй.

(4) 부정의의문: 동사 + -сангүй⁴ юу²? / 동사 + -аагүй⁴ юу²?

Өглөө яагаад чи ирсэнгүй вэ?
Өглөө яагаад чи ирээгүй вэ?

(5) 동사 + -сангүй⁴와 동사 + -аагүй⁴의 차이점

Үйл үг + -сангүй⁴	Үйл үг + -аагүй⁴
어떤 행위 및 상태가 꼭 일어났어야 했지만 그 행위 및 상태가 어떤 이유 때문에 이루어지지 않았음을 나타낸다.	어떤 행위 및 상태가 단순하게 이루어지고 완료되었음을 나타낸다.
Би энэ тухай мэдсэнгүй. [내가 이 사실에 대하여 미리 알았어야 하지만 모르고 지나갔다] **Өчигдөр бороо орсонгүй.** [어제 비가 왔어야 좋았는데 안 왔다.]	**Би энэ тухай мэдээгүй.** [내가 이 사실에 대하여 모르고 지냈다.] **Өчигдөр бороо ороогүйА** [어제 비가 안 왔다]

3. 선행연결어미 -аад/-ээд/-оод/-өөд

어미는 기능에 따라 종결어미와 연결어미로 분류된다. 연결어미 다시 접속연결어미와 한정연결어미로 양분하는데 우리는 먼저 접속연결어미에 대하여 차례대로 다루고자 한다. 접속연결어미는 대등연결어미와 종속연결어미로 다시 나누어지며 이번 단원에서 대등연결어미 중에서 선행연결어미 '-аад/-ээд/-оод/-өөд'에 대하여 살펴 보고자 한다.

(1) 선행연결어미 '-аад/-ээд/-оод/-өөд'는 두 문장을 '순서'의 의미로 이어주는 연결어미이며 시간상으로 앞 문장의 행위가 뒤 문장의 행위보다 먼저 일어나는 문장을 이어줄 때 쓴다. 즉, 이 어미는 앞의 내용과 뒤의 내용이 시간상으로 차례대로 일어난 것임을 말해 준다.

Би өглөө босоод цайгаа уув.
Тэр сургуулиа төгсөөд ажилд орсон.

(2) 또한 이 어미는 앞 문장이 뒤 문장의 이유나 원인이 되고 뒤 문장은 그로 인한 결과나 결과와 관련된 내용이 될 때 쓰인다.

Би ээжээсээ айгаад энэ тухай хэлж чадсангүй.
Би түүнийг сонсоод их гайхсан.

(3) 선행연결어미 '-аад/-ээд/-оод/-өөд'는 보조동사 'бай-'와 같이 쓰이면 해당 행위나 상태가 완전히 종료되었음을, 즉 완료의 의미를 나타낸다.

Одоо тэр манай гэрт ирээд байна.
Болд намайг гадаа хүлээгээд байна.

설명	어미	예
본 연결어미는 모음조화 규칙에 따라 제1음절의 모음이 양성모음이면 양성모음을, 여성모음이면 여성모음을 연결한다.	-аад -ээд -оод -өөд	ав- → аваад ид- → идээд үзэгд- → үзэгдээд шоол- → шоолоод
장모음과 이중모음으로 끝난 단어 에는 **-г** 자음을 삽입한다.		ай- → айгаад туу- → туугаад хий- → хийгээд
연음부호 **ь**와 **и** 모음으로 끝난 단어 뒤에는 각각 **-иад**와 **-иод** 변이형을 연결한다.		барь- → бариад цохь- → цохиод

4. 몽골어의 공동격어미 1

몽골어의 공동격어미는 "-тай/-тэй/-той"라고 하는 3가지의 이형태를 갖는다. 이 어미는 '공동'의 의미 이외에도 존재의 유무를 가리키는 '소유'의 의미를 나타낸다. 이런 점에서 앞에서 봤던 존재의 의미를 나타내는 'бий, байна'와 상당히 유사한 의미를 나타낸다는 것을 알 수 있다.

Би олон найзтай.
Миний найз хорин нэгэн настай.

Манай анги арван таван оюутантай.
Манай ангид арван таван оюутан бий/байдаг.

듣기 연습

1. 다음 문장을 잘 듣고 따라서 말해 보세요.

» Та хаанаас ирсэн бэ? ······ Би солонгосоос ирсэн.
» Та японоос ирсэн үү? ······ Үгүй. Би японоос ирээгүй. Солонгосоос ирсэн.
» Хэдэн цагаас хичээл эхлэх вэ? ······ Арван цагаас хичээл эхлэнэ.
» Та хэзээнээс монгол хэл сурч эхэлсэн бэ? ······ Би хоёр жилийн өмнөөс монгол хэл сурч эхэлсэн.
» Үүнээс авч болох уу? ······ Болно болно. Та аваарай.
» Энэ ном тэр номноос сайн уу? ······ Тийм. Энэ ном тэр номноос илүү сайн.

2. 다음 문장을 잘 듣고 따라서 말해 보세요.

» Чи хичээлээ тараад юу хийдэг вэ?
» Би хичээлээ тараад гэртээ харьдаг.

» Чи өчигдөр хичээлээ тараад гэртээ харьсан уу?
» Үгүй. Өчигдөр би хичээлээ тараад номын санд суусан.

» Чи гэртээ хариад юу хийдэг вэ?
» Би гэртээ хариад цайгаа уудаг.

» Чи өчигдөр яагаад ирээгүй вэ?
» Өчигдөр миний бие өвдөөд ирж чадсангүй.

» Гадаа хүйтэн байна уу?
» Тийм байна. Салхи салхилаад их хүйтэн байна.

3. 다음 문장을 잘 듣고 따라서 말해 보세요.

» Чи хэдэн настай вэ? ······ Би хорин нэгэн настай.
» Танай анги хэдэн оюутантай вэ? ······ Манай анги арван нэгэн оюутантай.
» Чи ахтай юу? ······ Би ахтай.
» Чи дүүтэй юу? ······ Би дүүгүй.

읽기 연습

1. 다음 문형을 차례대로 읽어 보세요.

<table>
<tr><td colspan="2" rowspan="2">Чи
Та
Та нар
Тэр
Тэд нар</td><td>хаанаас</td><td>ирсэн бэ?</td></tr>
<tr><td>солонгосоос
монголоос
Сөүлээс
эндээс
тэндээс</td><td>ирсэн үү?</td></tr>
</table>

<table>
<tr><td colspan="2">Би
Бид
Тэр
Тэд нар</td><td>солонгосоос
монголоос
Сөүлээс
эндээс
тэндээс</td><td>ирсэн.</td></tr>
<tr><td>Тийм.
Үгүй.</td><td>Би
Бид
Тэр
Тэд нар</td><td>солонгосоос
монголоос
Сөүлээс
эндээс
тэндээс</td><td>ирсэн.
ирээгүй.</td></tr>
</table>

2. 다음 문형을 차례대로 읽어 보세요.

<table>
<tr><td>Чи
Та
Та нар
Тэр
Тэд нар</td><td>өчигдөр
уржигдар
өнгөрсөн долоо хоногт
хоёр хоногийн өмнө</td><td>дэлгүүрээс
найзаасаа
ахаасаа
багшаас</td><td>ном
бэлэг
захиа
мөнгө</td><td>авсан уу?</td></tr>
</table>

<table>
<tr><td>Би
Та
Та нар
Тэр
Тэд нар</td><td>өчигдөр
уржигдар
өнгөрсөн долоо хоногт
хоёр хоногийн өмнө</td><td>дэлгүүрээс
найзаасаа
ахаасаа
багшаас</td><td>ном
бэлэг
захиа
мөнгө</td><td>авсан.
аваагүй.</td></tr>
</table>

3. 다음 문형을 차례대로 읽어 보세요.

<table>
<tr><td>Чи
Та
Та нар
Тэр
Тэд нар</td><td>энэ
тэр</td><td>номын сангаас
найзаасаа
багшаасаа
дэлгүүрээс
надаас
чамаас</td><td>юу</td><td>авсан бэ?</td></tr>
</table>

<table>
<tr><td rowspan="2">Би
Бид
Бид нар
Тэр
Тэд нар</td><td rowspan="2">энэ
тэр</td><td rowspan="2">номын сангаас
найзаасаа
багшаасаа
дэлгүүрээс
надаас
чамаас</td><td>ном
толь бичиг
мөнгө
даалгавар
бэлэг</td><td>авсан.</td></tr>
<tr><td>юу ч
юм</td><td>аваагүй.</td></tr>
</table>

4. 다음 문형을 반복, 습관의 의미를 갖는 형동사어미 'даг[4]'에 유의하여 차례대로 읽어 보세요.

<table>
<tr><td>Чи
Та
Та нар
Тэр
Тэд нар
Болд
Чиний найз</td><td>өглөө босоод
сургууль дээр ирээд
найзтайгаа уулзаад
гэртээ ирээд
ажилдаа очоод
Тэрэлжид очоод</td><td>юу хийдэг вэ?</td></tr>
</table>

<table>
<tr><td>Би
Бид
Бид нар
Тэр
Тэд нар
Болд
Миний найз</td><td>өглөө босоод
сургууль дээр ирээд
найзтайгаа уулзаад
гэртээ ирээд
ажилдаа очоод
Тэрэлжид очоод</td><td>өглөөнийхөө цайг уудаг.
хичээлдээ суудаг.
дэмий юм ярьдаг.
жаахан амардаг.
даргатайгаа уулздаг.
морь унадаг.</td></tr>
</table>

추가 어휘

эндээс	여기에서
тэндээс	저기에서
бэлэг	선물
захиа	편지
мөнгө	돈
өчигдөр	어제
уржигдар	그저께
өнгөрсөн долоо хоног	지난 주
даалгавар	숙제
ажилдаа очих	출근하다
хичээлдээ суух	수업에 들어가다
дэмий юм ярих	수다를 떨다
амрах	쉬다
дарга	장(長), 상사(上司)
морь унах	말을 타다, 승마하다

쓰기 연습

1. 다음 질문에 대해 대답하는 문장을 <보기>와 같이 만들어 보세요.

질문 **Хаанаас юу худалдан авч болох вэ?**

보기 Хүнсний дэлгүүр
→ Хүнсний дэлгүүрээс будаа, мах, ногоо, элсэн чихэр худалдан авч болно.

(1) Номын сан → ______

(2) Их дэлгүүр → ______

(3) Зах → ______

(4) Гудамж → ______

(5) ТҮЦ → ______

2. 다음 문장을 <보기>와 같이 종결어미 '-сан[4]'로 바꿔 쓰고 번역해 보세요.

보기 Өнөөдөр би хичээлийн дараа номын сан ~~явна.~~ → явсан
해석: ______

(1) Хагас бүтэн сайн өдөр гэртээ байна. → ______
해석: ______

(2) Тэр бас монгол хэл сурдаг. → ______
해석: ______

(3) Миний найз өнөөдөр сургууль явна. → ______
해석: ______

(4) Тэр хүний нэрийг мартана. → ______
해석: ______

(5) Энэ жил жимсний үнэ их үнэтэй байна. → ______
해석: ______

3. 괄호 안의 표현을 이용하여 다음 질문에 대답해 보세요.

(1) **А:** Ажлаа бүгдийг нь хийсэн үү? (өчигдөр бүгдийг нь дуусгах)

Б: ______________________________

(2) **А:** Өчигдөр мэйл бичсэн үү? (сая бичих)

Б: ______________________________

(3) **А:** Өдрийн цайгаа уусан уу? (дөнгөж сая уух)

Б: ______________________________

(4) **А:** Тэр өдөр бүтэн сайн байсан уу? (хоёрдахь өдөр байх)

Б: ______________________________

(5) **А:** Хэнтэй цуг ирсэн бэ? (ахтайгаа цуг ирэх)

Б: ______________________________

4. <보기>와 같이 빈칸에 알맞은 말을 넣어 대화를 완성해 보세요.

보기

А: Та өчигдөр номын сан орсон уу?
Б: Үгүй. Би өчигдөр номын сан орооггүй.

(1) **А:** Дээр үед ч гэсэн Улаанбаатарт ийм их машин байсан уу?

Б: Үгүй, дээр үед ______________________________.

(2) **А:** Монгол хэл бие дааж сурсан уу?

Б: Үгүй, монгол хэл ______________________________.

(3) **А:** Өнгөрсөн жил бас ийм халуун байсан уу?

Б: Үгүй, өнгөрсөн жил ______________________________.

(4) **А:** 5 жилийн өмнө тэр барилга энд байсан уу?

Б: Үгүй, 5 жилийн өмнө ______________________________.

(5) **А:** Чи үүнийг зурсан уу?

Б: Үгүй, би үүнийг ______________________________.

말하기 연습

1. 다음 대화를 읽고 질문하는 억양과 대답하는 억양을 친구들과 함께 연습해 보세요.

(1) Чи хаанаас ирсэн бэ?
Би солонгосоос ирсэн. Харин чи?
Би Хятадаас ирсэн.
Чи аль хотоос ирсэн бэ?
Би Шанхай хотоос ирсэн.

(2) Өнөөдөр танай ажил хэдэн цагаас дуусах вэ?
Зургаан цагаас дуусах байх. Яасан?
Чи ажлаа тараад юу хийх вэ?
Би ажлаа тараад найз нартайгаа уулзана.

(3) Танай гэр сургуулиас хол уу?
Тийм. Манай гэр сургуулиас жаахан хол. Харин танай гэр?
Манай гэр сургуулиас ойрхон.

(4) Чи орой гэртээ ирээд юу хийдэг вэ?
Би орой гэртээ ирээд гар нүүрээ угаагаад оройн хоолоо бэлддэг.
Оройн хоолоо идэж дуусаад телевиз үздэг.

(5) Чи яагаад хоцров?
Зам бөглөрөөд хоцорчихлоо.

Өчигдөр чи яагаад ирсэнгүй вэ?
Манай аав ээж хөдөөнөөс ирээд ирж чадсангүй.

(6) Энэ их амттай талх байна. Чи идээд үзээч!
Тийм байна. Их амттай талх байна.

Чи чихэртэй кофе уух уу, чихэргүй кофе уух уу?
Би чихэртэй кофе ууя.
Чи сүүтэй уух уу?
Тэгье. Би сүүтэй кофе ууя.

단원 평가

1. 다음 글을 읽고, 질문에 대답해 보세요.

Өнөөдөр Болд номын дэлгүүрээс толь бичиг авсан.
Харин тэр сурах бичиг аваагүй.
Болд номын дэлгүүрээс гэртээ ирээд даалгавраа хийсэн.
Тэр даалгавраа хийж дуусаад оройн хоолоо идсэн.
Оройны хоол их амттай байсан.

(1) Болд хэзээ номын дэлгүүрт очсон бэ?

① Болд өчигдөр номын дэлгүүр орсон

② Болд өнөөдөр номын дэлгүүр ороогүй.

③ Болд өнөөдөр номын дэлгүүр орсон.

(2) Болд номын дэлгүүрээс юу авсан бэ?

① Болд номын дэлгүүрээс сурах бичиг авсан.

② Болд номын дэлгүүрээс толь бичиг авсан.

③ Болд номын дэлгүүрээс толь бичиг, сурах бичиг авсан.

(3) Болд номын дэлгүүрээс гэртээ ирээд юу хийсэн бэ?

① Болд номын дэлгүүрээс гэртээ ирээд хоолоо идсэн.

② Болд номын дэлгүүрээс гэртээ ирээд даалгавраа хийгээгүй.

③ Болд номын дэлгүүрээс гэртээ ирээд ном уншсан.

(4) Тэр даалгавраа хийж дуусаад юу хийсэн бэ?

① Тэр даалгавраа хийж дуусгаад хоолоо идсэн.

② Тэр даалгавраа хийж дуусгаад унтсан.

③ Тэр даалгавраа хийж дуусгаад номын сан явсан.

(5) Оройны хоол амттай байсан уу?

① Тийм. Амттай байсан. ② Тийм. Амтгүй байсан.

③ Үгүй. Амттай байсан. ④ Үгүй. Амтгүй байсан.

몽골 문화

몽골 인명 및 호칭

모든 인간들은 사람을 부르거나 숭배하는 대상을 이름짓기 위하여 적절한 명사, 인명 내지 호칭을 사용한다. 한편, 이러한 인명 및 지명은 인간 사회의 발달과 더불어 다양하게 발달되었으며, 처음에는 사람을 단순히 부르기 위해서 만든 이름도 있지만 점차 사람이나 사물을 신성시한 결과로 이름을 짓기 위한 이름도 생겨났다.

유목민족의 작명관 및 우주관이 고스란히 담겨 있는 몽골인의 인명은 중세 시기 몽골 유목민들의 사회, 역사, 문화 및 언어를 이해하는 데 도움이 된다. 특히, 몽골 인명어의 작명기준에는 유목민의 '자연과 신에 대한 존경' 및 '대우주와 소우주인 인간의 상호소통'이라는 사고방식이 그 바탕을 이루고 있음을 알 수 있다.

『몽골비사』 에 등장하는 인명은 약 450여 개로 이들 인명은 한 개의 어휘로 된 이름, "어휘 + 문법형태소"로 된 이름, "어휘 + 어휘" 등의 3가지 형태로 이루어져 있으며, 성씨는 씨족명이 인명어가 된 경우, 직업이 인명어가 된 경우, 그리고 부족의 토템이 인명어가 된 세 가지 유형으로 나누어 볼 수 있다.

아울러 금기의 의미범주를 포함하는 인명어는 다음과 같이 크게 두 가지 유형으로 나눌 수 있다. 하나는 성(姓)을 바꾸거나 이름 앞뒤에 나쁜 이미지를 덧붙여 복을 구하는 인명과 다른 하나는 성인 또는 위인의 이름을 자녀에게 지어주는 것을 금하는 이름들로 나누어 볼 수 있다.

시대별로는 다음과 같이 분류할 수 있다.

· 1921년 독립 이전
  - 티베트 라마불교식 인명: Дорж, Дарь
  - 미신숭배에 따른 복을 구하는 인명: Нэргүй, Энэбиш, Тэрбиш

· 1921년 독립 이후
  - 사회주의 관련 인명: Хөдөлмөр, Энхтагтаа

· 1940-50년대
  - 러시아식 인명: Октябрь, Ленин

· 1980년대
  - 심미학적 인명: Цэцэг, Болор

· 2000년대
  - 몽골 역사의 위인: Анужин, Тэмүүжин

05 Номын дэлгүүр

서점

학습목표

1. 몽골어의 대격어미 익히기
2. 몽골어의 근접과거시제어미 익히기
3. 몽골어의 병렬연결어미 익히기

1. 대격어미는 어떤 문법소입니까?
2. 근접과거시제어미는 어떤 개념입니까?
3. 병렬연결어미는 어떤 개념입니까?

어휘 및 표현

шинэ	새
толь бичиг	사전
номын дэлгүүр	서점
унших	읽다
гэрэл зургийн альбом	사진첩(앨범)
хажууд	옆
кофешоп	커피숍
чизкэйк	치즈케이크
бяслаг	치즈
бялуу	케이크
хүлээх	기다리다
үзүүлэх	보여주다

본문

Номын дэлгүүр

Би өнөөдөр найзынхаа шинэ толь бичгийг үзлээ. Тун сайхан толь бичиг байна. Би бас энэ толь бичгийг авмаар байна. Тэгээд өнөөдөр номын дэлгүүр орлоо. Номын дэлгүүрт олон сайхан ном байна. Ном унших сайхан. Би ном унших дуртай. Би номын дэлгүүрээс нэг толь бичиг, бас нэг гэрэл зургийн альбом авлаа. Би энэ гэрэл зургийн альбомыг найздаа бэлэглэмээр байна.

Дараа нь би номын дэлгүүрийн хажууд байдаг кофешоп орлоо. Би кофешопод сууж кофе уув. Бас нэг чизкэйк(бяслагтай бялуу) авлаа. Тэгээд бас би найзтайгаа утсаар яриад тэнд түүнийг хүлээхээр боллоо. Найзыгаа ирвэл би шинэ авсан номоо үзүүлнэ.

대화 1

Туяа	Би тэр номыг үзэж болох уу?
Минсү	Болно болно. Үзэж болно.
Туяа	Чи энэ номыг уншсан уу?
Минсү	Тийм. Би энэ номыг уншсан.
Туяа	Энэ ном сонирхолтой юм уу?
Минсү	Тийм. Энэ ном их сонирхолтой ном.

대화 2

Үйлчлэгч	Та юу захиалах вэ?
Туяа	Би нэг кофе авъя.
Үйлчлэгч	Та элсэн чихэр авах уу?
Туяа	Тэгье. Элсэн чихэр авъя.
Үйлчлэгч	Та өөр юу юу захиалах вэ?
Туяа	Бас тэр бялууг авъя.

대화 3

Дөлгөөн	Чи юу хийж байна вэ?
Мишээл	Би сургууль дээр найзыгаа хүлээж байна? Харин чи юу хийж байна?
Дөлгөөн	Би гэртээ ном уншиж байна. Чи өнөө орой завтай юу?
Мишээл	Завтай. Хоёулаа уулзах уу?
Дөлгөөн	Тэгье. Хоёулаа орой сургуулийн өмнө уулзъя.

문법설명

1. 몽골어의 대격어미

현대 몽골어 대격어미는 '-ийг/-ыг/-г' 등의 이형태가 있다. 문장 성분들 중 목적어가 대격어미를 취하는 것이 일반적이다.

(1) 다음과 같은 예문에서 볼 수 있듯이 대격어미 '-ийг/-ыг/-г'가 붙은 'үзэг, ном, өрөө'는 각각의 문장에서 목적어가 된다.

Чи миний үзгийг авсан уу?
Би энэ номыг уншсан.
Том өрөөг цэвэрлээрэй.

(2) 몽골어 대격어미 특징은 '비표지'로 쓰이는 경우가 많다. 즉, 문장 안에서의 목적어가 구체적이고 않거나 불특정 대상일 경우 대격어미를 표지하지 않는다.

Чи үзэг авсан уу?
Би ном уншсан.
Өрөө цэвэрлээрэй

(3) 목적어가 명확하고 구체적인 특징을 가진다는 것은 해당 목적어가 고유명사이거나 형용사, 수사, 대명사인 경우, 또는 어떠한 수식어를 가진 명사인 경우를 말한다.

Доржийг харсан уу? (고유명사)
Томыг нь аваад жижгийг нь орхиё. (형용사)
Хоёрыг үлдээгээрэй. (수사)
Намайг дуудаарай. (인칭대명사)
Үүнийг ийшээ зөөе. (지시대명사)

Чи үзэг авсан уу?	Чи миний үзгийг авсан уу? (인칭대명사)
Би ном уншсан.	Би энэ номыг уншсан. (지시대명사)
Өрөө цэвэрлээрэй.	Том өрөөг цэвэрлээрэй. (형용사)

(4) 몽골어의 통사적인 특징으로 복합문에서 부사절 서술어가 자동사일 경우 주어는 대격어미를 취한다.

> Батыг ирвэл надад хэлээрэй.
> Намайг ирэхэд тэр байхгүй байсан.
> Чамайг явахыг мэдсэнгүй.

대격어미 '-ийг/-ыг/-г'는 다음과 같이 연결한다.

연결 규칙	어미	예
단모음 및 자음으로 끝난 여성단어 뒤에 연결한다.	-ийг	эх → эхийг мөнгө → мөнгийг хүн → хүнийг бэлэг → бэлгийг
어말음이 '**ж, ч, ш, г, и, ь**'로 끝난 단어의 뒤에 모음조화 규칙에 관계없이 연결한다.	-ийг	ээж → ээжийг ач → ачийг цаг → цагийг анги → ангийг морь → морийг
자음 및 단모음으로 끝난 남성어휘에 연결한다.	-ыг	ах → ахыг ном → номыг хана → ханыг хаалга → хаалгыг
장모음과 이중모음으로 끝난 단어 뒤에 연결한다.	-г	өрөө → өрөөг дэлхий → дэлхийг далай → далайг
어말음이 '**н**'으로 끝난 단어 뒤에 연결한다.	-г	сан → санг ан → анг Онон → Ононг

2. 몽골어의 과거시제어미 -лаа/-лаа/-лоо/-лөө

앞 단원에서 현대 몽골어에는 과거시제를 표현하는 여러 가지 종결어미 있다고 언급한 바가 있다. 이번 단원에서 몽골어 과거시제종결어미 '-лаа/-лаа/-лоо/-лөө'에 대하여 살펴보고자 한다. 이 과거종결어미의 가장 큰 특징은 '가까운, 즉 근접 과거'라는 것이다.

Би өнөө өглөө хөдөөнөөс ирлээ.
Би саяхан нэг сонин ном уншлаа.

또한 이 어미가 때로는 '가까운 과거'가 아닌 '가까운 미래'에 화자가 행하거나 대하는 행위와 상태를 나타낼 수도 있다. 따라서 2인칭 제약을 가진다.

Би маргааш Монгол явлаа.
Нар жаргалаа. Эртхэн явъя.

(1) 평서문: 동사 + -лаа/-лаа/-лоо/-лөө

Бид амралтаа сайхан өнгөрөөлөө.
Найзтайгаа хамт Тэрэлж яваад ирлээ.
Одоохон би мэссэнжерт орлоо.

(2) 의문문: 동사 + -л уу/үү?, 동사 + -лаа/-лаа/-лоо/-лөө юу/юү?

이 어미는 의문문에서 두 가지 형태로 사용된다. 또한 나타내는 의미 기능도 다르다. <동사 + -л уу^{2}?> 형태는 과거시제의 의미를 나타내며 이는 <동사 + -сан^{4} билүү?> 형태의 축약형으로 이해할 수 있다. 또한 구어체에서 의문첨사 없이 악센트만 부가하여 문장을 종결짓는 어미로도 사용된다. 이 경우에 화자는 청자로부터 해당 행위의 대해 문의하거나 확인하는 양태의미로도 사용된다. 하지만 이 형태는 'хар-, үз-, уулз-, таарал д-' 등의 소수의 동사와만 어울려 쓰이는 특징을 갖는다.

Та өнгөрсөн жил бас монголд ирэл үү? (=ирсэн билүү?)
Өмнө нь ийм их хүйтэн байл уу? (=байсан билүү?)
Та бид хоёр хаана уулзлаа?
Энэ номыг би хэзээ уншлаа?

(3) <동사 + -лаа/-лаа/-лоо/-лөө юу/юү?> 형태는 주로 미래시제의 의미를 나타낸다. 이 형태는 구어체에서 광범위하게 사용되며 주로 청자의 의지와 의도를 확인하는 의미를 나타낸다.

Чи ингээд унтлаа юу?
Чи ганцаараа явлаа юу?

3. 병렬연결어미 -ж/-ч

(1) 현대 몽골어의 병렬연결어미 '-ж/-ч'는 일반적으로 이어진 문장과의 관계에서 앞뒤의 문장을 같은 무게로 대등하게 연결해 주는 가능을 갖는다. 즉, 비슷한 성격의 여러 문장들을 나열할 수 있는 것이다.

> Аав цай ууж, ээж хоол хийж байна.
> Ах ном уншиж, эгч радио сонсож, дүү зурагт үзэж байна.

(2) 한편, 병렬연결어미 '-ж/-ч'는 시간상으로 선행 문장의 행위가 일어난 후 후행 문장의 행위가 일어난다는 의미도 나타낸다. 즉, 두 문장을 '순서'의 의미로 연결하는 기능을 갖는 것이다. 이런 면에서 선행연결어미 '-аад[4]'와 유사하다.

> Аав дээлээ өмсөж гадаа гарав.
> Гар нүүрээ угааж өглөөний цайгаа уулаа.

(3) 또한 이 어미는 선행 문장의 행위가 후행 문장의 원인이 될 때 쓰인다.

> Сайхан хоол үнэртэж, өлгөлөн ходоодыг гижигдэв.
> Болд багшийнхаа нүдний харцнаас айж, хэлэх үгээ мартаж орхив.

(4) 병렬연결어미 '-ж/-ч'는 보조동사 'бай-'와 같이 쓰이면서 동사구를 이루며 이때 진행의 상적 의미(aspectual meaning)를 나타낸다.

> Одоо би хичээлээ давтаж байна.
> Аав цай ууж, ээж хоол хийж байна.

해당 연결어미는 쓰임새에 있어서 '**-ж**'형이 많이 쓰이고, '**-ч**' 변이형은 상대적으로 적게 사용된다. 장모음이나 이중모음을 가지면서 '**р**' 자음으로 끝나는 단어, 또는 하나 이상의 음절을 가지면서 '**р**' 자음으로 끝나는 단어에는 주로 '**-ч**'를 연결하고 기타 모음과 자음으로 끝나는 단어에는 '**-ж**'를 연결한다.	-ж	туул- эхэл- ноцоо- үз- хар-	→ → → → →	туулж эхэлж ноцоож үзэж харж
단, 예외적 용법으로 '**өг-, ав-**' 라는 두 단어와 '**гар-, чир-, хүр-**' 등 적은 수의 단어에는 '**-ч**'를 연결한다. 또한 '**-с**' 자음으로 끝나는 동사의 어간에 '**-ч**'변이형을 연결할 수도 있다.	-ч	өг- хүр- гар- багас- ихэс- нис- төгс-	→ → → → → → →	өгч хүрч гарч багасч ихэсч нисч төгсч

4. 희망, 원망의 의미를 갖는 미래시제형동사어미 -маар/-мээр/-/-моор/-мөөр

동사 어간에 붙어 말하는 사람이, 또는 듣는 사람이 원하거나 바라는 내용을 나타낸다. 이 어미는 'бай-, санагд-, бодогд-' 등의 동사들과 자연스러운 공기관계를 갖는다.

Би монгол хэлийг сайн сурмаар байна.
Би түүнтэй нэг сайн яримаар байна.
Энэ зун монгол явж үзмээр санагдлаа.

(1) 평서문: 동사 + -маар^4 байна.

Би цай уумаар байна.
Нэг сайхан амттай хоол хийж идмээр байна.
Би хөдөө явмаар байна.

(2) 의문문: 동사 + -маар^4 байна уу^2/вэ?

Заавал надтай хамт явмаар байна уу?
Төрсөн өдрөөрөө ямар бэлэг авмаар байна вэ?
Чи ямар кино үзмээр байна вэ?

(3) 부정문: 동사 + -маргүй^4 байна.

Бороо ороод гадагшаа гармааргүй байна.
Өнөөдөр ядраад хичээлдээ явмааргүй байна.
Юу ч хиймээргүй байна.

(4) 부정의문문: 동사 + -маргүй^4 байна уу^2/вэ?

Надтай юм яримааргүй байна уу?
Өнөө орой гармааргүй байна уу?

(5) 3인칭: 동사 + -маар^4 байна гэнэ

Бат жаахан унтмаар байна гэнэ.
Тэр өнөөдөр ирмээргүй байна гэнэ үү?

듣기 연습

1. 다음 대화를 잘 듣고 따라서 말해 보세요.

» Чи хэний номыг уншсан бэ? Би дүүгийн номыг уншлаа.
» Ах хэний дэвтрийг авсан бэ? Ах миний дэвтрийг авлаа.
» Дүү юу хийж байна вэ? Дүү кино үзэж байна.
» Чи миний номыг хаана тавьсан бэ? Би чиний номыг ширээн дээр тавьсан.
» Чи одоо юу хийж байна вэ? Би одоо шинэ үгээ цээжилж байна.
» Чи гэрийн даалгавраа хийсэн үү? Би гэрийн даалгавраа хийсэн.

2. 다음 내용을 잘 듣고 따라서 말해 보세요.

» Чи юу хийж байна вэ? Би ном уншиж байна.
» Чи аль номыг уншиж байна вэ? Би энэ номыг уншиж байна.
» Чи ямар ном уншиж байна вэ? Би монгол хэлний дүрмийн ном уншиж байна.
» Чи хэний номыг уншиж байна вэ? Би найзынхаа номыг уншиж байна.
» Чи хаана ном уншиж байна вэ? Би номын санд ном уншиж байна.

» Дүү хоол идэв. Дүү хоол идлээ.
» Ах гэртээ ирэв. Ах гэртээ ирлээ.
» Би найзтайгаа уулзав Би найзтайгаа уулзлаа.
» Би одоо явна. Би одоо явлаа.
» Би одоо найзтайгаа уулзана. Би одоо найзтайгаа уулзлаа.

» Би цай авлаа. Найз кофе авлаа. Би цай авч найз кофе авлаа.
» Эгч ном уншив. Ах зураг зурав. Эгч ном уншиж ах зураг зурав.
» Өглөө Болд ирлээ. Орой Дэлгэр явлаа. Өглөө Болд ирж орой Дэлгэр явлаа.
» Би сонин уншив. Би цай уув. Би сонин уншиж цай уув.

» Би монгол хэлийг сайн сурмаар байна.
» Би өнөөдөр гадуур явмаар байна.
» Нэг сайхан амттай монгол хоол идмээр байна.
» Өнөөдөр гэртээ эрт харимаар байна.

읽기 연습

1. 다음 문형을 순서대로 천천히 읽어 보세요.

<table>
<tr><td>Чи
Та
Та нар
Тэр
Тэд нар</td><td>юу</td><td>хийж
уншиж
үзэж
бодож</td><td>байна вэ?</td></tr>
<tr><td rowspan="4">Би
Бид нар
Тэр
Тэд нар</td><td>гэрийн даалгавар
хоол</td><td>хийж</td><td rowspan="4">байна.</td></tr>
<tr><td>хоол
ном</td><td>уншиж</td></tr>
<tr><td>кино
мэдээ</td><td>үзэж</td></tr>
<tr><td>сонирхолтой юм
найзыгаа</td><td>бодож</td></tr>
</table>

2. 다음 문형을 차례로 읽어 보세요.

<table>
<tr><td>Чи
Та
Та нар
Тэр
Тэд нар</td><td>ямар
хэний
аль</td><td>ном</td><td>уншиж байна вэ?</td></tr>
<tr><td rowspan="3">Би
Бид нар
Тэр
Тэд нар</td><td>сонирхолтой
шинэ
хуучны</td><td>ном</td><td rowspan="3">уншиж байна.</td></tr>
<tr><td>дүүгийн
найзын
багшийн
миний</td><td rowspan="2">номыг</td></tr>
<tr><td>энэ
тэр</td></tr>
</table>

3. 다음 문형을 차례로 읽어 보세요.

<table>
<tr><td rowspan="2">Энэ
Тэр</td><td colspan="2">толь бичгийг
компьютерийг
гар утсыг</td><td rowspan="2">үзүүлэхгүй юу?
үзүүлнэ үү?
үзье.</td></tr>
<tr><td>хар
цагаан
ногоон
зузаан</td><td>цамцыг
өмдийг
малгайг
оролтыг</td></tr>
</table>

<table>
<tr><td>Би
Чи
Та
Тэр
Ах
Эгч
Дүү</td><td>ном уншиж
зураг зурж
хоол хийж
компьютер дээр сууж
тоглоом тоглож
зурагт харж
дэмий сууж</td><td>би
чи
та
тэр
ах
эгч
дүү</td><td>ном уншиж
зураг зурж
хоол хийж
компьютер дээр сууж
тоглоом тоглож
зурагт харж
дэмий сууж</td><td>байна.</td></tr>
</table>

<table>
<tr><td rowspan="6">Би
Миний найз
Тэр
Болд</td><td rowspan="6">чамтай
багштай
эмчтэй
найзтайгаа
ээжтэйгээ</td><td colspan="2">уулзна.
ярина.</td></tr>
<tr><td colspan="2">уулздаг.
ярьдаг.</td></tr>
<tr><td colspan="2">уулзлаа.
ярилаа.</td></tr>
<tr><td rowspan="3">уузмаар
яримаар</td><td>байна.</td></tr>
<tr><td>байсан.</td></tr>
<tr><td>байлаа.</td></tr>
</table>

추가 어휘

бараа	상품
бэлэн хувцас	기성복
гэр ахуйн цахилгаан бараа	가전제품
жаахан	조금
жимс	과일
зах	시장
их дэлгүүр	백화점
ногоо	야채
номын дэлгүүр	서점
сиди	시디
талх	빵
тасаг	과, 파트
төрөл	종류
тэгвэл	그러면
утсаар ярих	통화하다
үнэ	가격, 값
харих	집에 가다
хиам	햄
худалдаж авах	사다, 구매하다
худалдах	팔다, 판매하다
хүнсний бараа	식품
хүнсний тасаг	식품과
хямдхан	저렴하다, 싸다

쓰기 연습

1. **<보기>와 같이 병렬연결어미 '-ж/-ч'를 이용하여 다음 문장을 연결해 보세요.**

보기

Ах нь сонсох, дүү нь сонсох

➡ Ах нь сургаж, дүү нь сонсдог.

(1) Хөгжим сонсох, хичээлээ хийх

→ ______________________

(2) Их дэлгүүр явах, гэр ахуйн цахилгаан бараа үзэх

→ ______________________

(3) Зах орох, хиам авах

→ ______________________

(4) Хувцсаа солих, хоол хийх

→ ______________________

(5) Гэртээ ирэх, утсаар ярих

→ ______________________

2. <보기>와 같이 주어진 표현을 이용하여 온전한 문장을 만들어 보세요.

보기

кофе / уух

A: Та кофе уумаар байна уу?

B1: Тийм, би кофе уумаар байна.

B2: Үгүй, би кофе уумааргүй байна.

(1) хүнсний бараа / авах

A: ______

B1: ______

B2: ______

(2) гэртээ / харих

A: ______

B1: ______

B2: ______

(3) зах / явах

A: ______

B1: ______

B2: ______

(4) хагас бүтэн сайнд / амрах

A: ______

B1: ______

B2: ______

(5) найзтай / утсаар ярих

A: ______

B1: ______

B2: ______

3. <보기>와 같이 다음 질문에 대답해 보세요.

보기

А: Та монгол явж үзмээр байна уу?

Б: Тийм, би монгол явж үзмээр байна.

(1) **А:** Чи захаас юу юу авмаар байна вэ?

Б: ______________________________

(2) **А:** Та их мөнгөтэй болмоор байна уу?

Б: ______________________________

(3) **А:** Чи турмаар байна уу?

Б: ______________________________

(4) **А:** Чи надтай цуг аялалд явмаар байна уу?

Б: ______________________________

(5) **А:** Та манай сургуульд юу юу сурмаар байна вэ?

Б: ______________________________

말하기 연습

1. 다음 대화를 읽고 친구들과 함께 말하기 연습해 보세요.

(1) Та энэ номыг хаанаас авсан бэ?
Хуучин ховор номын дэлгүүрээс авлаа.
Энэ ном ямар үнэтэй вэ?
Арван мянган төгрөг.

(2) Хуучин ховор номын дэлгүүр хаана байдаг вэ?
Хорин гуравдугаар дунд сургуулийн хойд талд байдаг.
Номын дэлгүүр хэдэн цагт онгойж хэдэн цагт хаадаг вэ?
Өглөө есөн цагт онгойж, орой арван найман цагт хаадаг.

(3) Чи хүнсний бараагаа голдуу хаанаас худалдаж авдаг вэ?
Би хүнсний бараагаа голдуу их дэлгүүрээс худалдаж авдаг.
Их дэлгүүр үнэтэй биш үү?
Жаахан үнэтэй. Тийм болохоор заримдаа зах гарч хямдхан юм ч авдаг.

(4) Их дэлгүүрт юу юу зардаг вэ?
Их дэлгүүрийн нэг давхарт хүнсний барааны тасаг бий. Тэндээс талх, хиам, төрөл бүрийн хүнсний ногоо худалдаж авч болно. Хоёр давхарт бэлэн хувцасны дэлгүүр бий. Харин таван давхарт номын дэлгүүр байдаг. Тэнд олон төрлийн сонирхолтой ном, сэтгүүл, бас сиди зардаг.

(5) Чи энэ хагас бүтэн сайн өдөр юу хийх вэ?
Би гэртээ байна. Жаахан амармаар байна. Энэ долоо хоногт их ядарлаа.

Чи энэ үгийг сайн цээжлээрэй.
За, ойлголоо.

Чи одоо юу хийх гэж байна?
Би одоо гэртээ харилаа.

단원 평가

1. <보기>와 같이 -ж/-ч 어미를 이용하여 다음 문장을 온전한 문장을 만들어 보세요.

보기

Ус буцалгана. Уудаг.

→ Ус буцалгаж уудаг.

(1) Шинэ дуу сурна. Найз нартаа зааж өгдөг.

→ ______

(2) Хоёулаа уулзана. Ярьж сууя.

→ ______

(3) Зах орох, хиам авна.

→ ______

(4) Гэртээ харина. Цайгаа ууна. Телевиз үзнэ.

→ ______

(5) Гадаа гарна. Чамайг хүлээнэ.

→ ______

몽골 문화

완곡한 지명

한 사회의 완곡어법은 그 사회 속에서 정중한 대화에 적합한 표현과 그렇지 않은 표현을 어떻게 구분하는지의 척도가 된다. 완곡어와 완곡한 표현들은 언중 속에서 유쾌하지 못한 것에 대해 이야기할 수 있게 해주며 감정과 직접 관련된 일들을 중화시켜 주는 역할을 한다. 이러한 완곡어법은 전 사회의 보편적 언어 행위로서 그 사회에서 말로 표현이 불가능한 언중의 깊은 생각과 증명하기 어려운 어떤 문화적 의미를 찾아볼 수도 있다. 특히 숭배 대상과 관련하여, 이름 및 지명을 포함하여 언어에는 위대한 신통력이 있다고 믿고 이를 신봉한 고대인의 의식은 고대 신화전설에 얽힌 언어 주술에서 그 일면을 짐작할 수 있다고 본다.

몽골 산악신앙에서의 완곡한 형용사 운두르(Öndör)는 생태적 차원에서 큰 의미를 지닌다. 예로부터 삼라만상을 숭배한 몽골인들은 자연 공간을 신성시하여 땅과 숲, 호수와 산이 신의 힘에 의해 살아 있는 신령한 존재라고 여겼다. 특히 '높은' 고원과 산은 대지의 지배자와 산의 신령들이 거주하는 곳으로 숭배했다. 산에 대한 몽골인들의 인식은 '에투겐'(지모신)과 사브닥(지신)이라는 대지의 지배자가 거주하는 곳으로 생태적 차원에서 큰 의미를 지닌다.

몽골인의 신앙은 산악신앙이라고도 불릴 만큼 현대에 이르기까지 산과 언덕을 중시하는 경향을 보여주고 있다. 높은 산과 언덕에 대한 신앙의 진지성을 잘 보여주는 것은 산과 고원의 실제 이름을 절대 부르지 않는다는 것에서도 잘 알 수 있다.

산과 고원은 너무나 성스러우므로 그 이름을 직접 부르는 대신 산의 수려한 모습을 찬미한 완곡한 몽골어 형용사로서 사랑스러운, 아름다운의 의미인 하이르항(Hairhan), 산스크리트어(범어)로 주로 제단이 갖추어진 곳을 일컫는 성스러운의 의미인 버그드(Bogd), 높은 고원과 산을 찬미한 몽골어 형용사로서 '높은'이라는 의미인 운두르(Öndör), 티벳어로 'Bogd'의 다른 이름이자 '성스러운'의 의미인 둔진가라브(Dünjingarav), 여러 하늘 중 가장 낮은 하늘이라는 의미인 어트겅텡게르(Otgontenger)과 같은 완곡한 형용사로 찬미한 것이다. 따라서 자연에 대한 모욕은 신령들이 공동체를 공격하는 결과를 가져오며, 반면 신령들을 잘 숭배하면 행운과 다산을 가져온다고 믿었다.

이처럼 완곡한 지명은 몽골인의 높은 산과 언덕에 대한 신앙의 진지성을 잘 보여주는 것으로, 사람이나 사물을 신성시한 결과로 지어진 이름이라고 할 수 있다.

06 Их дэлгүүр явъя!

길 묻기

학습목표

1. 몽골어 도구격어미의 용법 익히기
2. 몽골어 인칭종결어미 익히기
3. 몽골어의 목적연결어미 익히기

1. 도구격어미는 어떤 문법소입니까?
2. 인칭종결어미는 어떤 개념입니까?
3. 몽골어 목적연결어미에 대응하는 한국어 목적연결어미는 무엇입니까?

어휘 및 표현

их дэлгүүр	백화점
бүтэн сайн өдөр	일요일
хагас сайн өдөр	토요일
тийм болохоор	따라서, 그렇기 때문에
ярилцах	이야기를 나누다
удаагүй	오래되지 않다
яаж	어떻게
асуух	물어보다
такси	택시
гадуур явах	밖에 나와 있다, 밖에 돌아다니다
арга	방법
дөрвөн зам	사거리
зүүн гар тийшээ	오른쪽으로
баруун гар тийшээ	왼쪽으로
чигээрээ	직진
явган хүний гарц	횡단보도
баруун тал	오른편
зүүн тал	왼편
хажууд	옆에

본문

Их дэлгүүр явъя!

Өнөөдөр бүтэн сайн өдөр. Амралтын өдөр. Тийм болохоор би найзтайгаа хамт дэлгүүрээр явахаар болов. Бид хоёр ярилцаж байгаад их дэлгүүрээр орохоор болов. Гэвч бид монголд ирээд удаагүй болохоор их дэлгүүр хүртэл юугаар яаж явахыг сайн мэдэхгүй. Тэгээд бид монгол найзаасаа их дэлгүүр яаж явах тухай утсаар асуухаар болов. Манай монгол найз таксигаар яваарай гэв. Таксинд суугаад "Их дэлгүүр явъя" гэж хэлбэл болно гэлээ.

대화 1

Минсү Өнөөдөр манай найз бид хоёр их дэлгүүрээр явахаар болсон юм. Гэхдээ их дэлгүүр лүү юугаар, яаж явахыг мэддэггүй. Бидэнд туслаач!

Туяа Аан. Хамгийн амархан арга бол таксигаар явах.

Минсү Таксигаар гэнээ? Бид нар зам сайн мэдэхгүй шүү дээ.

Туяа Таксинд суугаад "Их дэлгүүр явъя!" гэж хэлээрэй.

대화 2

Минсү Уучлаарай! Зам асуух гэсэн юм. Эндээс Төв музей яаж очихыг зааж өгөхгүй юу?

Болд Тэр дөрвөн зам харагдаж байна уу?

Минсү Тийм байна.

Болд Тэр дөрвөн замаас зүүн гар тийшээ эргээрэй. Тэгээд чигээрээ хоёр зуун метр явбал явган хүний гарц байгаа. Түүгээр зам гарвал яг урд талд нэг ногоон шилэн байшин бий. Тэр байшингийн баруун талаар гарвал хойно нь байгаа.

Минсү Зүүн гар тийш эргээд, зам гараад, ногоон байшингийн хажуугаар гарах... За, ойлголоо. Баярлалаа!

문법설명

1. 몽골어의 도구격어미 -аар/-ээр/-оор/-өөр

(1) 어떤 행위의 도구나 수단, 방법임을 나타낸다.

Би таксигаар ирлээ.
Би дараа тань руу утсаар ярья.
Солонгос хүмүүс савхаар хоол иддэг.

(2) 어떤 물건의 재료나 원료가 됨을 나타낸다.

Цахилгаанаар ажилладаг машин байна.
Энэ талхийг юугаар хийсэн юм бол?
Ноосон утсаар ороолт нэхэв.

(3) 시간을 나타내는 명사에 붙어 시간적 범위를 나타낸다.

Зуны амралтаараа хөдөө амарсан.
Цагаан сараар юу хийдэг вэ?
Онгоц 30 минутаар хоцорч буулаа.

(4) 행위나 상태의 공간적 범위를 나타낸다.

Би европоор аялахыг хүсч байна.
Гадуур битгий яваарай.
Талаар дүүрэн хонин сүрэг бэлчинэ.

(5) 배분수의 의미를 나타낸다.

Хэсэг хэсгээрээ салж явав.
Нэг нэгээрээ орж ирээрэй.
Хоёр хоёроор нь нэгтгэсэн.

(6) 비교 구문에서 척도의 기준이 되는 단어에서 쓰일 수 있다. 이 경우 <명사1 + аас 명사2 + аар 형용사> 구조가 보통이다.

Миний дүү надаас нуруугаар өндөр.
Нөхөр нь түүнээс насаар дүү.
Тэр оюутнуудын дундаас сурлагаар хамгийн сайн.

(7) **도구격 '-аар/-ээр/-оор/-өөр' 어미는 모음조화에 따라 연결한다.**

설명	어미	예		
모음과 자음으로 끝난 단어 뒤에 모음조화 규칙에 따라 연결한다.	-аар -ээр -оор -өөр	ах гэр эрдэнэ	→ → →	ахаар гэрээр эрдэнээр
장모음과 이중모음으로 끝난 단어 뒤에 숨은 **-н**과 **-г**를 삽입한다.		санаа хөдөө гахай далай	→ → → →	санаагаар хөдөөгөөр гахайгаар далайгаар
숨은 **-н**과 **-г**로 끝난 단어 뒤에 도구격어미를 연결한다.		сан чийдэн	→ →	сангаар чийдэнгээр
어말음이 **и**, 또는 연음부호 **ь**로 끝난 단어는 도구격 어미의 첫 모음을 생략하고 연결한다.		анги хани сургууль	→ → →	ангиар ханиар сургуулиар

2. 몽골어의 인칭종결어미

한국어에서 명령문과 청유문으로 불리는 문장의 종류가 몽골어에서는 인칭종결어미를 통해서 표지된다. 약간의 분류 방법이 다르게 나타나는 것이다. 몽골어 인칭종결어미는 1인칭과 2인칭 그리고 3인칭 등으로 삼분된다. 1인칭종결어미는 한국어에서 흔히 불리는 1인칭 약속법과 청유문이 해당되며 2인칭종결어미에는 '명령, 원망, 희망' 등의 의미를 나타내는 문장들이 속한다고 보면 된다.

(1) 1인칭종결어미 -я/-е/-ё

(1-1) 말하는 사람이 주어가 되어 말하는 사람이 어떤 일을 하겠다고 자신의 의지를 나타내거나 상대방에게 약속함을 나타낸다.

Би яг одоо тантай очиж уулзъя.
Бид нэг сарын дараа дахиад холбоо барья.
Би будаа угаая. Чи төмс арилга.

(1-2) 같이 행동할 것을 제안하거나 청유할 때 쓴다.

Маргааш хамт кино үзье.
Эхлээд жаахан юм идье.
Цөмөөрөө энэ тухай түүнд шууд хэлье.

(1-3) 요청에 대해 승낙을 하거나 어떤 일을 요구하고 양해를 구할 때 쓴다.

Алив би эхлээд үзье.
Би таниас нэг юм гуйя.
Энд сууж жаахан амрая.

(1-4) 'бод-, үз-' 등의 동사에 붙어 어떠하다고 가정할 것을 제안할 때 쓴다.

За яахав, чамд ямар нэгэн буруу байхгүй гэж бодъё.
Чи маш их мөнгөтэй болчихлоо гэж бодъё. Тэгвэл юу хийх вэ?
Түүнтэй уулзлаа гэж бодъё. Тэгээд яах вэ?

(1-5) 주로 문어체에서 그렇게 할 것을 미리 알려줌을 나타낸다.

Юуны өмнө энэ асуудлын тухай авч үзье.
Үүнтэй холбоотой хэдэн жишээ дурдая.

(1-6)

모음과 연음부호로 끝난 단어 뒤에 연결한다.	-я/-е/-ё	уу- → ууя ярь- → ярья илгээ- → илгээе ороо- → ороое
자음으로 끝난 남성어 뒤에 경음부호 **-ъ**를 삽입한 후 연결한다.	-я/-ё	яв- → явъя уулз- → уулзъя бод- → бодъё тоол- → тоолъё
자음으로 끝난 여성어 뒤에 연음부호 **-ь**를 삽입한 후 연결한다.	-е	хэл- → хэлье үнс- → үнсье өг- → өгье

(2) 2인칭종결어미 -аарай/-ээрэй/-оорой/-өөрэй

(2-1) 2인칭종결어미 '-аарай, -ээрэй, -оорой, -өөрэй'는 청자인 상대방에게 어떤 행위, 동작을 취하도록 바라면서 희망하거나 또는 명령, 요구, 권유를 할 때 쓰인다.

Өнөөдөр манайд очоорой.
Энэ өгүүлбэрийг цээжлээрэй.
Үүнийг түүнд битгий өгөөрэй.

(2-2) 2인칭종결어미 '-аарай/-ээрэй/-оорой/-өөрэй'를 연결할 때 동사 어간에 바로 연결하며 단, 동사 어간이 장모음, 이중모음으로 끝나는 경우 자음 'г'이 삽입된다.

бай	→	байгаарай
хаа	→	хаагаарай
нээ	→	нээгээрэй
суу	→	суугаарай

3. 목적연결어미 -хаар/-хээр/-хоор-хөөр

목적연결어미 '-хаар/-хээр/-хоор-хөөр'는 해당 어미를 갖는 선행동사의 의도나 목적으로 인해 후행동사의 동작이 발생한다는 의미를 갖는다. 즉 이 어미로 연결된 선행동사는 후행동사 동작의 의도나 목적을 나타낸다.

(1) '가다, 오다' 등의 동사와 함께 이동하는 동작에 앞서 이동하는 목적을 나타낸다.

Толь бичиг авахаар номын дэлгүүр орлоо.
Би найзтайгаа уулзахаар сургууль явав.
Бид нар монгол хэл сурахаар ирсэн.

(2) 동사 'бол-'와 함께 쓰여 어떤 행위를 할 것을 결정·결심하거나 약속함을 나타낸다. 이 경우 동사 'бол-'가 'болсон, болов, болжээ, боллоо'처럼 과거시제어미를 취하는 것이 일반적이다.

Бид маргааш явахаар болсон.
Үүнийг би өөрөө хийхээр боллоо.

(3) 목적연결어미 '-хаар/-хээр/-хоор-хөөр'는 모음조화에 따라 연결한다.

амьдар-	→	амьдрахаар	хий-	→	хийхээр
олуул-	→	олуулахаар	хөдөл-	→	хөдөлхөөр

(4) 도구격어미는 한편으로 행위의 목적을 나타내는 '-х гэж бай-'와 매우 유사한 의미기능을 갖는다. 하지만 이들 사이에는 보다 세밀한 차이점이 있음에 유의해야 한다. 예를 들면, 어미 '-хаар'를 취하는 동사는 주로 행위의 목적을 나타내지만 '-х гэж бай-'는 일반적으로 동사의 의도와 목적을 나타낸다. 즉 곧 일어날 움직임이나 상태의 변화를 나타낸다.

Би дараа жил монгол хэл сурахаар Улаанбаатарт очих гэж байна.
Таньтай уулзах гэж өглөөнөөс хойш хүлээлээ.
Би яг гарах гэж байсан юм.
Гадаа бороо орох гэж байна.

듣기 연습

1. 다음 대화를 잘 듣고 따라서 말해 보세요.

» Чи юугаар ирэв? ············ Би автобусаар ирлээ.
» Хоёулаа яаж явах вэ? ············ Таксигаар явъя.
» Чи юу хийж байна? ············ Би гадуур явж байна.
» Та зуны амралтаараа юу хийх вэ? ············ Би зуны амралтаараа хөдөө явна.
» Тэр чамаас нуруугаар өндөр үү? ············ Тийм. Тэр надаас нуруугаар өндөр.

2. 다음 문장을 잘 듣고 따라서 말해 보세요.

» Би чамайг энд хүлээж байя!
» Өнөөдөр эрт харьж амрая!
» Хоёулаа хамт кино үзэхээр явъя!
» Хоцрох нь байна. Хурдан явъя!
» Маргааш уулзъя! Баяртай!
» Хичээлээ сайн хийгээрэй!
» Ажлаа хурдан дуусгаарай!
» Чи намайг хүлээж байгаарай!
» Болзоондоо битгий хоцроорой!
» Энэ үгийг заавал цээжлээрэй!
» Өнөөдөр битгий оройтоорой!
» Өнөөдөр эрт унтаарай!
» Цагийг сайхан өнгөрүүлээрэй!

3. 다음 대화를 잘 듣고 따라서 말해 보세요.

» Чи хаашаа явж байна вэ? ············ Би сүү авахаар дэлгүүр явж байна.
» Түүнтэй хэзээ уулзахаар болсон бэ? ············ Түүнтэй маргааш өглөө уулзахаар болсон.
» Өвлийн амралтаараа яахаар болсон бэ? ············ Өвлийн амралтаараа гэртээ харихаар болсон.
» Гадаа ямар байна? ············ Гадаа бороо орох гэж байна.
» Чи одоо юу хийх гэж байна? ············ Би одоо гэрийн даалгавраа хийх гэж байна.

읽기 연습

1. 다음 문형을 차례대로 읽어 보세요.

Чи Та	өнөөдөр маргааш өдөр орой үдээс өмнө үдээс хойш	хаагуур	явах вэ?
Би	өнөөдөр маргааш өдөр орой үдээс өмнө үдээс хойш	гадуур дэлгүүрээр захаар хотын төвөөр хорооллоор номын дэлгүүрээр	явна.

2. 다음 문형을 차례대로 읽어 보세요.

Хоёулаа Бүгдээрээ Цөмөөрөө	дэлгүүрээр захаар хотын төвөөр хорооллоор номын дэлгүүрээр	хамт	явах уу? орох уу? хэсэх үү?
Хоёулаа Бүгдээрээ Цөмөөрөө	дэлгүүрээр захаар хотын төвөөр хорооллоор номын дэлгүүрээр	хамт	явъя. оръё. хэсье.

3. 다음 문형을 차례대로 읽어 보세요.

Би Бид нар Тэр Тэд нар Болд Миний найз	монголоор англиар солонгосоор хятадаар оросоор	сайн муу чөлөөтэй тааруухан ус цас шиг	ярьдаг. бичдэг. уншдаг ойлгодог. орчуулдаг.

4. 다음 문형을 시간부사에 맞춰 차례대로 읽어 보세요.

<table>
<tr><td rowspan="2">Чи
Та
Та нар
Тэр
Тэд нар</td><td rowspan="2">өнөөдөр
маргааш
өдөр
орой
үдээс өмнө
үдээс хойш</td><td>юу</td><td>хийхээр
үзэхээр
уншихаар
харахаар</td><td rowspan="2">болсон бэ?</td></tr>
<tr><td>хаашаа
хаагуур</td><td>явахаар
орохоор</td></tr>
<tr><td rowspan="2">Би
Бид нар
Тэр
Тэд нар</td><td rowspan="2">өнөөдөр
маргааш
өдөр
орой
үдээс өмнө
үдээс хойш</td><td>хичээлээ
даалгавраа
жүжиг
тэргэл сар</td><td>хийхээр
үзэхээр
уншихаар
харахаар</td><td rowspan="2">болсон.</td></tr>
<tr><td>Тэрэлж
сургууль
дэлгүүрээр
хотын төвөөр</td><td>явахаар
орохоор</td></tr>
</table>

5. 다음 문형을 목적격어미와 도구격어미의 용법에 맞게 연결하여 읽고 우리말로 옮겨 보세요.

<table>
<tr><td rowspan="2">Би
Бид нар
Тэр
Тэд нар</td><td rowspan="2">энд
сургууль дээр
найзындаа
монголд
Улаанбаатарт</td><td>ажил хийхээр
монгол хэл сурахаар
найзтайгаа уулзахаар
аялахаар
юм ярихаар</td><td rowspan="2">ирсэн.
очсон.</td></tr>
<tr><td>ажил хийх гэж
монгол хэл сурах гэж
найзтайгаа уулзах гэж
аялах гэж
юм ярих гэж</td></tr>
</table>

추가 어휘

автобусны буудал	정류장
аялал	여행
барилга	건물, 건축물
буух	내리다
вокзал	기차역
гадна	밖에
доод	아래
доор	아래, 밑
доошоо	밑으로
дотор	안, 내(內)
дунд	사이, 중간
дэргэд	옆에
дээшээ	위로, 위쪽으로
зааж өгөх	가리켜 주다, 가르쳐 주다
зогсох	세우다, 멈추다, 서다
наана	앞쪽, 이쪽
тийш	그쪽
тийшээ	그쪽으로
урагшаа	앞으로
хаяг	주소
хойшоо	뒤로
хороолол	구역
хөшөө	동상
хүрэх	도달하다, 도착하다
эмийн сан	약국
эргэх	돌다
эцсийн буудал	종착점

쓰기 연습

1. <보기>와 같이 다음 문장을 예사높임 문장으로 만들어 보세요.

보기

Өнөөдөр би хичээлийн дараа номын сан явна.

➡ Өнөөдөр чи хичээлийн дараа ном сан яваарай!

(1) Би энэ тухай найздаа утсаар хэлсэн.

→ ________________

(2) Би монгол хэл сайн сурна.

→ ________________

(3) Өглөөний цайгаа уулаа.

→ ________________

(4) Би энэ үгийг дахиж мартахгүй.

→ ________________

(5) Би шөнө орой гадуур явахгүй.

→ ________________

2. <보기>와 같이 질문에 대답해 보세요.

보기

А: Чи өнөөдөр хаагуур явав?

Б: Би өнөөдөр хүнсний дэлгүүрээр явлаа.

(1) **А:** Чи өнөө өглөө сургуульдаа юугаар ирсэн бэ?

Б: ______________________________

(2) **А:** Та ямар хэлээр хамгийн сайн ярьдаг вэ?

Б: ______________________________

(3) **А:** Чи энэ өвлийн амралтаараа юу хийх гэж байна вэ?

Б: ______________________________

(4) **А:** Чи хэнээр анх монгол хэл заалгасан бэ?

Б: ______________________________

(5) **А:** Танай ангийн оюутнуудаас хэн нь сурлагаар хамгийн сайн бэ?

Б: ______________________________

3. <보기>와 같이 목적연결어미 '-хаар⁴'를 이용하여 모음조화 규칙에 따라 다음 두 문장을 연결해 보세요.

보기

Найзтайгаа уулзана. Сургууль орлоо.

➡ Найзтайгаа уулзахаар сургууль орлоо.

(1) Монгол явна. Бэлтгэж байна.

→ ______________________

(2) Хэнтэй уулзана. Ганган хувцас өмссөн бэ?

→ ______________________

(3) Мөнгөө хадгалуулна. Банкинд очсон уу?

→ ______________________

(4) Гэрээ цэвэрлэнэ. Өглөө бүр эрт босдог

→ ______________________

(5) Хуримаа хийнэ. Мөнгөө цуглуулж байна.

→ ______________________

4. **<보기>와 같이 다음 문장들에 목적연결어미 및 의도의 양태 표현 '-хаар[4]/-х гэж байна'을 사용하여 질문에 대답해 보세요.**

보기

- Юу хийхээр орой бүр гардаг вэ? (дасгал хийх)
- Орой бүр дасгал хийхээр гардаг.

(1) - Яах гэж усны хувцас авсан бэ? (усанд сэлж сурах)

- ______

(2) - Их дэлгүүр юу хийхээр явсан бэ? (шинэ хувцас авах)

- ______

(3) - Гэнэт яах гэж утсаар ярьсан бэ? (мэнд асуух)

- ______

(4) - Музейд яагаад ийм олон хүн ирсэн бэ? (шинэ үзэсгэлэн үзэх)

- ______

(5) - Эдгээр оюутнууд юу хийхээр ирсэн бэ? (монгол хэл сурах)

- ______

말하기 연습

1. 다음 대화를 읽고 문장 구조 및 어휘의 형태소에 대해 친구들과 함께 분석해 보세요.

(1) Хоёулаа өнөөдөр зах гарах уу?
Тэгье. Харин яаж явах уу?
Харин ээ. Таксигаар явах уу, автобусаар явах уу?
Автобусаар явсан нь дээр байх аа.

(2) Чи энэ өвөл амралтаараа юу хийх вэ?
Би англи хэлний дамжаанд явахаар болсон. Харин чи?
Би цагийн ажил хийх гэж байна. Сургалтын төлбөрөө олох хэрэгтэй.

(3) Би чамайг энд хүлээж байя!
За тэгээрэй!

Чи намайг энд хүлээж байгаарай!
За, тэгье.

Өнөөдөр хоёулаа гадуур жаахан явах уу?
Тэгье, тэгье.

(4) Уучлаарай. Ёнсэ найрамдлын эмнэлэг рүү яаж очих вэ?
Энэ гудамжаар яваад байвал төв зам гарч ирнэ. Тэр зам дагуу зүүн гар тийшээ эргээрэй! Яг өмнө чинь нэг цайвар ногоон байшин байгаа. Тэр байшин бол Ёнсэ эмнэлэг.
Баярлалаа
Зүгээр

(5) Сайн байна уу? Хаа хүрэх үү?
МУИС-ын гадаад оюутны байр оръё.
Уучлаарай! Хаа байдаг юм? Зааж өгөөрэй!
За. Эхлээд Дашчойлон хийд оръё.
....
За. Дашчойлон хийд дээр ирчихлээ. Одоо хаашаа явах уу?
Эндээс чигээрээ яваарай. Одоо баруун гар тийшээ. Одоо зүүн гар тийшээ. За, энд зогсоорой. Хэд гарч байна?

단원 평가

1. <보기>와 같이 다음 문장에 대한 응답으로 알맞은 것을 고르세요.

보기

Чи намайг энд хүлээж байгаарай!

① За, баярлалаа. ② За, баяртай!

③ За, тэгье. ④ За, тэгээрэй.

(1) Та монголоор их сайн ярьдаг юм байна.

① Би солонгосоор сайн ярьдаг.

② Баярлалаа. Одоо ч гэсэн сурч байна.

③ Тийм. Энэ миний монгол хэлний багш.

④ Үгүй. Би монгол хэл мэдэхгүй.

(2) Чи оюутны амралтаараа хаана амрах вэ?

① Би маргааш сургуульдаа явна.

② Би хөдөө явж амрахаар болсон.

③ Энэ жил ч бас амрана.

④ За. Амралтын дараа уулзъя.

(3) Хоёулаа маргааш сургуульдаа хамт явъя.

① Тэгье. Чи манайхаар дайраад ирээрэй.

② Тийм үү? Та оюутан юм уу?

③ Тэгээрэй. Сайн хичээлээ хийгээрэй.

④ Тийм байна. Манай сургууль мөн байна.

(4) Хоёулаа сургууль хүртэл автобусаар явах уу?

① Тэгье. Таксигаар явсан нь дээр.

② Тэгье. Автобусанд сууя.

③ Автобусаар явах уу, метрогоор явах уу?

④ Танай сургууль хаана байдаг юм бэ?

(5) Та тэр дөрвөн замаар баруун гар тийшээ эргээрэй.

① Тэр хүртэл чигээрээ яваарай.

② Одоо зүүн гар тийшээ эргэх үү?

③ Энд зогсоорой.

④ За, ойлголоо. Баруун гар тийшээ эргэе.

몽골 문화

몽골인의 출생 의례

지방마다 아이 출생에 대한 여러 풍습들이 있는데, 할하 몽골족의 경우 남자아이가 태어나면 문에 활과 화살을 걸어두고, 여자아이일 경우 붉은 천을 걸어둔다. 이것은 사람의 출입을 금하고, 사악한 기운을 막기 위한 습속이다. 어떤 지방에서는 천창 환기구에 기둥을 꽂아 아이를 낳은 집임을 알리기도 했는데 남아인 경우 기둥을 오른쪽에, 여아인 경우 왼쪽에 꽂아 세운다.(남쪽을 향하는 것을 방향의 기준으로 삼는다.)

아이가 태어나 6~7일 정도가 지나면 아이를 씻기는데, 때에 따라서는 16일이 지난 후 씻기기도 한다. 아이를 씻기는 풍습은 귀한 인간의 몸을 가지고 한 가족의 성원으로 태어났음을 주변에 알리는 신고식의 의미를 지닌다. 또한 이날 앞으로 아이를 부르게 될 이름을 지어준다. 아이를 씻기는 의례에는 다른 의례와 마찬가지로 차갈락, 삶은 고기, 마유주, 술 등의 음식과 음료를 준비한다. 가까운 이웃 사람들을 초대하며, 아이를 받은 산파를 가장 귀한 손님으로 여기고 게르의 상석에 모신다. 오츠(양의 등꼬리 부분의 고기)를 준비하여 산파 앞에 놓는다. 아이를 낳을 때 산모에게 국을 끓여 먹이기 위해 잡았던 양의 내장을 이때 사용한다. 온 손님들에게 마유주나 술 등을 대접하지만 너무 많이 마셔 취하게 하지 않으며, 해가 지기 전에 의례를 마친다.

어린아이에 대한 특별한 행사는 배냇머리를 잘라주는 습속이다. 남아인 경우 3, 5세에, 여아인 경우 2, 4세에 머리를 잘라준다. 때로는 6세에 잘라주기도 하는데, 남아와 여아의 정해진 홀수, 짝수의 나이는 음양의 상징성을 가진다. 아이들의 머리를 자를 때는 적당한 날짜를 정해 의식을 행하며, 가족과 가까운 친지들을 초대해 잔치를 벌인다. 이러한 풍습은 몽골에서 예전부터 매우 보편적으로 행해지던 의례였다. 남자아이의 경우 위쪽 머리털을 남겨놓는 것은 나라의 젊은 기백이 되라는 상징성이 있다. 이 부분의 머리는 남자들의 생령이 깃드는 곳이라고 보았다. 또 가장 신성한 곳은 머리의 뒤통수 쪽이라고 보아 그곳에는 칼을 대지 않고 남겨놓았다.

07 Цаг агаар
날씨

학습목표

1. 날씨 표현 익히기
2. 몽골어의 방향격어미의 용법 익히기
3. 몽골어의 즉시연결어미 익히기
4. 몽골어 사동태어미 익히기

1. 몽골어 방향격어미에 대응하는 한국어 방향격어미는 무엇입니까?
2. 종속연결어미는 어떤 개념입니까?
3. 몽골어 사동태어미에는 몇 가지 어미가 있습니까?

어휘 및 표현

тэнгэр	하늘
амралт	휴가
амралтын өдөр	휴일
амралтын газар	휴양지
өнгөрүүлэх	지내다, 보내다
хөдөө	시골
бороо орох	비가 오다
цаг агаар	날씨
цаг агаарын мэдээ	일기예보
цэлмэг	맑다
нартай	해가 떠 있다
үүлших	구름이 끼다
дөрвөн улирал	사계절
хавар	봄
зун	여름
намар	가을
өвөл	겨울
цас хайлах	눈이 녹다
салхитай	바람이 불다
хуурай	건조하다
цанаар гулгах	스키 타다
навч шарлах	단풍이 들다
хүйтэн	춥다
дулаан/дулаахан	덥다
сэрүүхэн	선선하다, 서늘하다
чийг	습기
яагаад гэвэл	왜냐하면

본문

Тэнгэр ямар байна?

Маргааш амралтын өдөр. Тэнгэр ямар байх бол? Тэрэлж рүү явж морь унадаг юм уу? Надад тав дахь өдрийн оройноос эхлээд бага зэрэг зав гардаг. Тэгээд амралтаа хэрхэн өнгөрүүлэх тухайгаа боддог. Энэ амралтын өдрөөрөө Тэрэлж рүү явахаар болов. Тэрэлж бол Улаанбаатараас холгүй байдаг амралтын газар юм. Тиймээс амралтын өдрөөр хүмүүс Тэрэлж рүү амрахаар их явдаг.

Хөдөө явахад бороо орвол хэцүү. Тиймээс өнөөдөр цаг агаарын мэдээ үзэх хэрэгтэй. Заримдаа би цаг агаарын мэдээг сайн ойлгодоггүй болохоор найзаараа орчуулуулдаг. Цаг агаарын мэдээ сонсож дуусмагц бид орондоо орж унтахаар болов.

Маргааш тэнгэр сайхан байгаасай.

대화 1

Болд Цаг агаарын мэдээ сонссон уу?

Туяа Сонссон.

Болд Маргааш тэнгэр ямар байна гэнэ?

Туяа Маргааш үдээс өмнө цэлмэг нартай байна гэнэ.

Болд Үдээс хойно?

Туяа Харин үдээс хойно үүлшиж бага зэрэг бороо орно гэнэ ээ.

대화 2

Болд Туяа! Чи жилийн дөрвөн улирлаас ямар улиралд хамгийн их дуртай вэ?

Туяа Би хаврын улиралд хамгийн их дуртай. Яагаад гэвэл, хүйтэн өвөл дуусч, цас хайлж, дулаахан болдог. Бас зуны улиралд ч бас дуртай. Харин чи?

Болд Би бол хаврын улиралд тийм дуртай биш. Яагаад гэвэл, их салхитай бас их хуурай байдаг. Харин өвлийн улиралд хамгийн их дуртай. Өвөл хүйтэн ч гэсэн цас их ордог болохоор цанаар гулгахаар явдаг.

Туяа Намрын улирал ч гэсэн бас сайхан шүү дээ. Хичээл сургууль эхлэж найз нартайгаа дахин уулзана. Бас навч шарлаад уул модонд зугаалахад үнэхээр зугаатай.

문법설명

1. 몽골어의 방향격어미 'руу/рүү', 'луу/лүү'

현대 몽골어의 방향격은 'руу/рүү', 'луу/лүү' 등의 4가지 이형태의 어미를 가지며 다음과 같은 의미를 나타낸다.

(1) 방향격어미는 기본적으로 장소나 방향을 뜻하는 명사에 붙어 그 지점이나 방향을 목적지로 하거나 그곳을 통하여 이동하거나 향함을 나타낸다.

> Гэрээсээ сургууль руу явна.
> Яаралтай хэрэг гарвал над руу утсаар яриарай.

(2) 어떤 행위가 일어나는 공간적인 의미로 쓰인다.

> Цай руугаа давс хийв.
> Булчин руу нь тариа хийв.

(3) 목적이나 방향이 구체적이지 않거나 불특정적인 경우 방향격어미를 생략할 수 있다.

> Энэ амралтын өдөр Тэрэлж (~~рүү~~) явна.
> Би сургууль (~~руу~~) явна.
> Би ирэх жил монгол (~~руу~~) явна.

(4) 'Явах, ирэх, очих, хүрэх' 등 이동의 뜻을 나타내는 동사가 여처격 '-д/-т' 어미와 공기관계를 가질 때 일반적으로 '도착점'을 나타내는 반면 방향격 'руу²/луу²' 어미는 '출발 목표점이나 방향, 경유지' 등을 나타낸다.

сургуульд явах	학교를 다니다	сургууль руу явах	학교로 가다
Улаанбаатарт ирэх	올란바타르에 오다	Улаанбаатар луу ирэх	올란바타르로 오다
гудамжинд гарах	거리에 나가다	гудамж руу гарах	거리로 나가다

(5) 방향격어미 'руу/рүү/луу/лүү'는 모음조화에 따라 연결하며 띄어서 쓴다.

'**р**' 자음으로 끝난 단어 뒤에 '**луу/лүү**' 어미를 연결한다.	луу/лүү	гэр → гэр лүү дэлгүүр → дэлгүүр лүү байр → байр луу
여타 자음과 모음으로 끝난 단어 뒤에 '**руу/рүү**' 어미를 연결한다.	руу/рүү	сургууль → сургууль руу хөдөө → хөдөө рүү хот → хот руу монгол → монгол руу

2. 즉시연결어미 -магц/-мэгц/-могц/-мөгц

(1) 동사 어간에 '-магц/-мэгц/-могц/-мөгц' 어미를 연결하여 어떤 동작이나 행위가 일어난 후 즉시에 다른 동작이나 행위가 행해지는 것을 나타낸다. 한국어의 '~자/~자마자'와 대응된다.

Багшийг ирмэгц хичээл эхлэнэ.
Хичээл тармагц би гэртээ харьдаг.
Чамайг хэлмэгц гэнэт саналаа.

(2) 이 연결어미 뒤에 일반재귀어미(-аа/-ээ/-оо/-өө)가 따라올 수 있으며 통사적 특징은 다음과 같다.

-магц	-магцаа
· 선행문과 후행문의 동작주가 일치하지 않는다. · **-магц**를 취한 선행문의 동작주는 목적격의 지배를 받는다.	· 선행문과 후행문의 동작주가 일치한다. · 선행문과 후행문의 동작주가 한명일 경우 **-магц**를 취한 선행문의 동작주는 주격의 형태를 취한다.
Намайг утсаар яри**магц тэр** гүйж ирсэн. **Батыг** гар**магц Болд** хайж ирэв.	**Би** гэртээ ир**мэгцээ** хоол хийж идсэн. **Багш** ангид орж ир**мэгцээ** хичээлээ эхлэв.

(3) 즉시연결어미 '-магц/-мэгц/-могц/-мөгц'는 모음조화에 따라 연결한다.

-магц	авах → авмагч, гарах → гармагч, явах → явмагц
-мэгц	эргэх → эргэмэгц, ирэх → ирмэгц, идэх → идмэгц
-могц	орох → ормогц, тоолох → тоолмогц
-мөгц	өгөх → өгмөгц, өсөх → өсмөгц

3. 몽골어의 사동태어미 -уул/-үүл

사동이란 사람이나 동물, 또는 사물이 스스로 움직이거나 그 상태에 이르는 것이 아니라, 다른 사람을 시켜서 사람이나 동물, 또는 그 사물에 움직임이 생기게 하거나 그 상태에 이르도록 하는 것을 말한다.

(1) 현대 몽골어 사동태어미로 '-уул/-үүл/-лга⁴/-га⁴/-аа⁴' 등이 여러 이형태어미가 있으며 이번 단원에서 가장 대표적이고 제일 많이 쓰이는 '-уул/-үүл' 어미에 대하여 알아보고자 한다.

Миний дүү унтав. → Би дүүгээ унтуулав.
Өвөө захиа бичив. → Өвөө надаар захиа бичүүлэв.

Би найздаа захиа явуулав.
Бид даалгавраа багшаар шалгуулав.
Миний найз надад зураг үзүүлэв.

(2) 사동태어미 '- уул/- үүл'는 모음조화에 따라 연결한다.

-уул	унт/ах	→	унтуулах
	яв/ах	→	явуулах
	олг/ох	→	олгуулах
	хар/ах	→	харуулах
	усл/ах	→	услуулах
-үүл	ир/эх	→	ирүүлэх
	бич/их	→	бичүүлэх
	өг/өх	→	өгүүлэх
	үз/эх	→	үзүүлэх
	бэлд/эх	→	бэлдүүлэх

듣기 연습

1. 다음 대화를 잘 듣고 따라서 말해 보세요.

» Чи хаашаа явж байгаа юм бэ? ···· Би хүнсний зах руу явж байна.
» Чи хэн рүү мессеж явуулж байгаа юм бэ? ···· Би найзууд руугаа мессеж явуулж байна.
» Энэ зун та нутаг руугаа явах уу? ···· Тэгнэ. Би нутаг руугаа явна.
» Тэр юу хийгээд сууж байна? ···· Гар утас руугаа ширтээд л сууж байна.
» Яаралтай хэрэг гарвал над руу яриарай. ···· За. Тэгнэ ээ! Баярлалаа.

2. 다음 내용을 잘 듣고 따라서 말해 보세요.

» Чи хичээлээ тармагц шууд ирээрэй!
» За. Би хичээлээ тармагц шууд очно оо.

» Чи өчигдөр хичээлээ тармагц гэртээ харьсан уу?
» Үгүй. Өчигдөр би хичээлээ тармагц номын санд суусан.

» Чи үүнийг бүр таг мартчихсан байсан юм уу?
» Тийм ээ. Би чамайг хэлмэгц саналаа.

» Ажлаа хийж дуусмагцаа над руу мэйлээр явуулаарай.
» За. Ойлголоо. Дуусмагцаа явуулъя.

3. 다음 내용을 잘 듣고 따라서 말해 보세요.

» бодох ···· бодуулах
» ирэх ···· ирүүлэх
» ойлгох ···· ойлгуулах
» орох ···· оруулах
» өгөх ···· өгүүлэх
» санах ···· сануулах
» унтах ···· унтуулах
» үзэх ···· үзүүлэх
» харах ···· харуулах
» явах ···· явуулах

읽기 연습

1. 다음 문형을 차례대로 읽어 보세요.

Чи	сургууль руу	
Та	монгол руу	
Тэр хоёр	солонгос руу	явсан уу?
Тэр	гэр лүүгээ	очсон уу?
Багш	номын сан руу	
Болд	оюутны байр луу	

	сургууль руу	
Би	монгол руу	явсан.
Тэр хоёр	солонгос руу	очсон.
Тэр	гэр лүүгээ	яваагүй.
Багш	номын сан руу	очоогүй.
Болд	оюутны байр луу	

2. 다음 문형을 차례대로 읽어 보세요.

		давс	
Хоол	руу	сүү	хийсэн үү?
Цай	рүү	чихэр	
Шөл	луу	амтлагч	
Хуурга	лүү	төмс	хийх үү?
		ногоо	

		давс	хийсэн.
Хоол	руу	сүү	хийгээгүй.
Цай	рүү	чихэр	
Шөл	луу	амтлагч	хийгээрэй.
Хуурга	лүү	төмс	хийе.
		ногоо	

3. 다음 문형을 즉시연결어미에 유의하여 읽어 보세요.

Чамайг Туяаг Багшийг Түүнийг	ирмэгц ормогц явмагц	би тэр Болд оюутнууд	явсан. уулзсан. мэндчилсэн.

4. 다음 문형을 읽어 보세요.

<table>
<tr><td rowspan="2">Би
Тэр
Болд
Чиний найз</td><td rowspan="2">чамайг
намайг
түүнийг
Туяаг
ахыг
эгчийг</td><td colspan="2">явуулсан.
ирүүлсэн.
унтуулсан.
саатуулсан.</td></tr>
<tr><td>кино
гоё юм
жүжи</td><td>үзүүлсэн.</td></tr>
<tr><td rowspan="2">Би
Тэр
Болд
Чиний найз</td><td rowspan="2">үсчнээр
надаар
найзаараа
түүнээр
аавaараа
Доржоор</td><td>үсээ
сахлаа</td><td>засуулсан.
тайруулсан.
хусуулсан.</td></tr>
<tr><td>ном
сонин
захиа
эссэ
зураг
үлгэр</td><td>уншуулсан.
бичүүлсэн.
яриулсан.
авхуулсан.</td></tr>
</table>

5. 다음 문형을 시제에 유의하여 읽어 보세요.

<table>
<tr><td>Чи
Болд
Туяа
Багш
Тэр
Ээж
Аав</td><td>намайг
чамайг
түүнийг
Дөлгөөнийг
тэр оюутныг</td><td>юунд</td><td>явуулдаг
явуулах
явуулсан</td><td>бэ?
вэ?</td></tr>
</table>

<table>
<tr><td>Би
Болд
Туяа
Багш
Тэр
Ээж
Аав</td><td>намайг
чамайг
түүнийг
Дөлгөөнийг
тэр оюутныг</td><td>усанд
талханд
хүнсний ногоонд
номонд
зараалд
зараалаар</td><td>явуулдаг.
явуулна.
явуулсан.
явуулав.</td></tr>
</table>

추가 어휘

баруун	오른, 서쪽
болгоомжтой	조심스럽게, 유의하게
бүс нутаг	지역
бэлтгэх	준비하다
говь	고비
даарах	춥다, 시리다, 추위를 느끼다
далай	바다
дөрвөн улирал	사계절
дулаан	따뜻하다
зузаан	두꺼운
зүүн	동쪽, 왼
зүүх	차다, 착용하다
нимгэн	얇은
нээх	열다
өмсөх	입다
салхитай	바람이 불다
сэрүүн	시원하다
урд	앞
хангай	항가이
хойд	북쪽, 뒤쪽
хуурай	건조한
хуурай ширүүн	건조하고 혹독하다
ялгаа	차이

쓰기 연습

1. **<보기>와 같이 알맞은 답을 찾아 O 표시하세요.**

	Би найздаа	Би найзыгаа	Би найзаараа	Би найзаасаа	Би найзтайгаа	Би найз руугаа
보기 (1) хүлээж байна.		○				
(2) яримаар байна.						
(3) мэндэлсэн.						
(4) гэртээ урив.						
(5) монгол хэл заадаг.						
보기 (6) ном авлаа.				○		
(7) асууя.						
(8) утасдах ёстой.						
(9) уулзаагүй.						
(10) баярлаж байна.						
(11) уучлалт гуйсан.						
(12) аялалд явсан.						
(13) сайн ойлгодог.						
(14) мессеж бичсэн.						

2. <보기>와 같이 즉시연결어미 ‘-магц^{4}’를 이용하여 다음 두 문장을 하나의 문장으로 만들어 보세요.

보기

Би гэртээ ирсэн. Би ээждээ тусалсан.

➡ Би гэртээ ирмэгцээ ээждээ тусалсан.явсан.

(1) Эгч найзаасаа мессеж авсан. Эгч гараад гүйчихсэн.

→ ______________________________

(2) Би монголд ирсэн. Би монгол хэлний гэрийн багш хайв.

→ ______________________________

(3) Зуны амралт эхэлсэн. Би хөдөө өвөө эмээ дээрээ очсон.

→ ______________________________

(4) Зун болов. Бороо орж эхэлсэн.

→ ______________________________

(5) Би сургуулийн өмнө багшийг харсан. Би хойноос нь гүйсэн.

→ ______________________________

3. <보기>와 같이 다음 동사에 사동태어미를 연결하여 온전한 문장을 만들어 보세요.

보기

унтах - унтуулах

➡ Би дүүгээ унтуулав.

(1) явах - ______

→ ______

(2) үзэх - ______

→ ______

(3) харах - ______

→ ______

(4) бичих - ______

→ ______

(5) бэлдэх - ______

→ ______

말하기 연습

1. 다음 대화를 읽고 친구들과 함께 학습해 보세요.

(1) Гадаа ямар байна?

Салхитай хүйтэн байна.
Нартай халуун байна.
Жавартай хүйтэн байна.
Бороо орж байна.
Цас орж байна.
Цэлмэг сайхан байна.
Үүлтэй сэрүүхэн байна.
Салхитай байна.
Сайхан байна.
Муухай байна.

(2) Чи голдуу амралтаа яаж өнгөрүүлэх дуртай вэ?
Би голдуу амралтаараа хөдөө явж агаар салхинд өнгөрүүлэхийг боддог.

Чи хагас бүтэн сайныг яаж өнгөрүүлдэг вэ?
Би гэртээ өнгөрүүлдэг.

Чи нөгөө юмаа орчуулсан уу?
Тэгсэн. Гэхдээ найзаараа орчуулуулсан.

(3) Чи сургуулиа төгсмөгцөө хамгийн түрүүнд юу хиймээр байна вэ?
Би сургуулиа төгсмөгцөө шууд ажилд орох бодолтой байна.

Чи орондоо ормогцоо л унтдаг уу?
Үгүй. Орондоо ормогцоо унтдаггүй. Гар утсаа оролддог.

(4) Чи даарч байна уу?
Тийм ээ. Даарч байна. Хүйтэн байна.

Чи халууцаж байна уу?
Тийм ээ. Халууцаж байна. Их халуун байна.

(5) Минсү! Чи энэ өвлийн амралтаараа юу хийх вэ?
Би гэр лүүгээ харих бодолтой байна.
Чи солонгос руу бүр буцах гэж байгаа юм уу?
Үгүй. Амралтаараа л явчихаад ирэх санаатай байна. Яагаад гэвэл, өвөл монгол их хүйтэн.
Өвөл монгол хүйтэн нь хүйтэн шүү. Харин зун бол их сайхан дулаахан байдаг.
Тийм ээ. Монголын зун үнэхээр сайхан. Өглөө оройдоо сэрүүхэн, бас чийг багатай.

단원 평가

1. 밑줄 친 부분과 의미가 같은 것을 고르세요.

(1) **А:** Гадаа <u>**хүйтэн**</u> байна уу?

Б: Тийм, гадаа ( ) байна.

① дулаахан ② сэрүүхэн

③ гоё ④ өндөр

(2) **А:** <u>**Өнгөрсөн жил**</u> хаана амарсан бэ?

Б: ( ) монголд амарсан.

① олон жил ② ноднин жил

③ өчигдөр ④ дараа жил

(3) **А:** Хэнтэй <u>**хамт**</u> явсан бэ?

Б: Ахтайгаа ( ) явсан.

① хурдан ② цуг

③ хамгийн ④ маш

(4) **А:** Тэр монгол хэл <u>**их**</u> сайн сурчээ.

Б: Тийм. Тэр монгол хэл ( ) сайн сурсан.

① жаахан ② маш

③ огт ④ хэзээ

(5) **А:** Энэ мэйлийн Болдод <u>**явуулах**</u> уу?

Б: Тийм. Болдод ( ).

① оруулаарай ② яваарай

③ ирээрэй ④ илгээгээрэй

몽골 문화

몽골의 거주 문화 & 금기

몽골의 게르는 약 3,000년의 역사를 지닌 이동 방목에 적합한 몽골인들의 전통 주거이다. 유목 생활에서 쉽게 구할 수 있는 가벼운 목재와 펠트를 주재료로 제작하며 이동에 적합하도록 조립과 해체의 편리성을 지니고 있다. 또한 바람, 눈, 자연재해에 안정적이어서 자연 친화적이면서도 유목민의 삶에 적합한 기능성을 지니고 있다. 목축 생활을 하는 몽골 유목민은 가축을 통한 생계의 유지와 자연이 주는 삶에 적합한 주거 문화와 예술을 창조해 냈다. 몽골 민족은 예로부터 이동생활을 하면서 가축을 기르기 위해 어느 한곳에 오래 머무르지 않았다. 이는 유목민들의 생활방식인 만큼 그들의 사는 집도 유목 생활에 알맞게 간단하면서도 실용적인 구조를 가지게 되었다.

게르는 이동 방목을 하는 유목 생활에 짧은 시간에 짓고 해체할 수 있는 기동성과 이로 인해 편리함을 지녔으며, 구조물들을 정리해도 짐이 많지 않고 쉽게 이동할 수 있는 특징을 지니고 있다. 몽골인의 생활문화와 예술은 목축문화와 게르에서 탄생하였다고 해도 과언이 아니다.

일반적으로 몽골인들은 문지방과 문미를 매우 존숭하는 풍습이 있는데, 문지방을 밟거나 앉는 행위, 문미에 매달리는 행위 등을 금했으며, 문이 고정이 잘 되지 않아 흔들거리는 일이 없도록 주의했다. 펠트 덮개 문인 경우 왼쪽을 들치고 들어오는 것은 주인과 관계가 끊어졌다거나 끊겠다는 행동으로 보았으며, 문틈으로 안을 엿보면 삿된 기운이 들어온다고 여겨 이를 금기시했다.

게르와 관련된 금기는 다음과 같다: “다른 사람들이 살던 집터와 똑같은 자리에 게르를 짓지 않는다.”, “어느 쪽으로든 산은 멀리 있어도 바위가 뾰족뾰족하게 돌출되어 보이는 곳에는 게르를 짓지 않는다.”, “흰 돌(바위)은 하늘의 사신이라 여기기 때문에 그 뒤편으로 게르를 짓지 않는다.”, “검은 돌(바위)은 악귀의 해라 여겨 그 앞쪽으로 게르를 짓고 사는 것을 꺼린다.”, “연못이나 저수지 뒤편으로 집을 짓지 않는다. 괴로운 사람의 눈물이라고 여기기 때문이다.”

08 Одоо цаг хэд болж байна вэ?

지금 몇 시입니까?

학습목표

1. 시간 관련 표현 익히기
2. 비인식 과거시제종결어미의 용법 익히기
3. 몽골어 재귀어미의 의미기능 익히기
4. 몽골어의 수사 표현 익히기

1. 비인식 과거시제어미는 어떤 개념입니까?
2. 재귀어미는 알타이어족 언어들 중 몽골어에만 있습니까?
3. 몽골어에는 몇 가지 수사 표현이 있습니까?

어휘 및 표현

цаг	시간, 시계, 시(時)
хэд	얼마, 몇
сүүлийн үед	최근에
гар утас	휴대전화
бугуйн цаг	손목시계
зүүх	차다, 착용하다
үүрэг	역할
багсах	줄다, 감소하다
гоёл чимэглэл	장식, 액세서리
минут	분(分)
дутуу	모자라다, 전(前)
хоцрох	늦다
сэрүүлэг	알람
мартах	잊다

본문

Одоо цаг хэд болж байна?

Сүүлийн үед хүмүүс гар утас их хэрэглэдэг болсоноор бугуйн цаг зүүх нь ховор болжээ. Нэгэн үе бугуйн цаг бидэнд цаг хугацааг зааж сануулдаг эдлэл байлаа. Харин гар утас гарснаас хойш бугуйн цагны энэ үүрэг багасчээ. Хүмүүсийг харахад бугуйн цагтай мөртлөө цагаа харахдаа харин гар утсаа гаргаж хардаг болжээ. Үүнээс харахад бугуйн цаг нь одоо нэгэнт гоёл чимэглэлийн зүйл болсон мэт харагдана.

대화 1

Болд Одоо цаг хэд болж байна?
Туяа Нэг цаг болж байна.
Нэг болж байна.
Нэг цаг гучин минут болж байна.
Нэг гуч болж байна.
Нэг хагас болж байна.
Хоёр цагт таван минут дутуу байна.
Хоёрт таван минут дутуу байна.
Арван нэгэн цаг арван минут болж байна.
Арван нэг арав болж байна.
Арван нэгээс арван минут өнгөрч байна.

대화 2

Минсү Болд оо! Цаг хэд болж байна?
Болд Долоо дөчин тав болж байна.
Минсү Янаа! Ажлаасаа хоцорчихлоо.
Болд Өглөө сэрүүлэг тавиагүй юм уу?
Минсү Харин тийм ээ! Сэрүүлэг тавихаа мартчихжээ.

문법설명

1. 과거시제종결어미 -жээ/-чээ

앞에서 우리가 몽골어 과거시제종결어미로 '-в/жээ/-чээ/лаа[4]' 등의 어미가 있다고 봤다. 이번 단원에서 과거시제 종결어미의 하나인 '-жээ/-чээ'에 대하여 보고자 한다. 과거시제종결어미 '-жээ/-чээ'는 화자가 행위나 사건에 직접 참여하거나 목격하지 않았으며, 단지 간접적으로 알게 되었다는 의미를 가진다.

Би утсан дээрээ сэрүүлэг тавихаа мартчихжээ.
Манай найз өчигдөр орой манайд ирээд явжээ.
Урд шөнө бороо их оржээ.

2. 일반재귀어미 -аа, -ээ, -оо, -өө

(1) 재귀어미란 동작주와 행위에 직접적인 관계를 가지는지, 또한 어떤 대상이 누구에게 속하는지를 표지하는 격어미이다. 다시 말하면, 재귀어미를 취한 단어는 해당 문장의 행위주에게 속하고 있음을 알려주는 것이다.

Би утас цэнэглэж байна. → Би утсаа цэнэглэж байна.
Би ном уншсан. → Би номоо уншсан.
Би сургууль явлаа. → Би сургуульдаа явлаа.

(2) 일반재귀어미는 주격 이외의 모든 격 뒤에 올 수 있다. 속격에 붙일 때 소유의 뜻을 갖는 'х'가 삽입된다.

속격	+ х{-аа/-ээ/-оо/-өө}
여·처격/대격/탈격 도구격/공동격/향격	+ -аа/-ээ/-оо/-өө

(3) 1인칭과 2인칭 그리고 3인칭과 같은 인칭에 대한 재귀는 'минь, маань, чинь, тань, нь' 등의 인칭 어미를 취한다.

1인칭	минь, маань
2인칭	чинь, тань
3인칭	нь

Аав минь ирлээ. / Аав чинь ирлээ. / Аав нь ирлээ.
Номыг минь харсан уу?
Номыг чинь харсан.
Номыг нь харсан.

3. 진행상 표현 -ж/-ч бай-

현대 몽골어에서는 '-ж/-ч бай-'가 진행상을 나타낸다. 즉, 어떤 행위가 발화시와 동시에 이루어지며 진행하고 있음을 나타낸다. 진행상어미인 '-ж/-ч бай-'에 비과거시제어미 '-на'가 붙으면 현재진행의 상적 의미를 나타내게 된다.

(1) 평서문: 동사 + -ж/-ч байна.

Би ном уншиж байна.
Миний дүү одоо компьютер дээр сууж байна.
Аав сонин уншиж, ээж зурагт үзэж байна.

(2) 의문문: 동사 + -ж/-ч байна уу²/вэ?

Та сайн сууж байна уу?
Тэр юу хийж байна вэ?
Гадаа бороо орж байна уу?

(3) 부정문: 동사 + -хгүй байна. / 동사 + -аагүй байна.
진행상 부정형은 미래시제 동명사인 '-х'에 부정사 '-гүй'를 붙이거나 과거시제 동명사인 '-аа'에 부정사 '-гүй'를 붙여 나타낸다.

Би сайн мэдэхгүй байна.
Надад мэйл ирээгүй байна.
Гадаа бороо ороогүй байна.

(4) **부정의문문: 동사 +** -хгүй байна уу**? / 동사 +** -аагүй⁴ байна уу**?.**

Түүнд энэ тухай хэлж болохгүй байна уу?
Тэр одоо болтол ирээгүй байна уу?
Чи гэрээсээ гараагүй байна уу?

4. 시간의 어떤 순간, 행위나 현상의 발생 시점을 나타내는 연결어미 -хад[4]/-хдаа[4]

(1) '-хад[4]'는 형동사어미 '-х'와 여처격어미 '-д'가 결합된 형태이다. 여기에다 일반재귀어미(재귀격어미) '-аа[4]'가 첨가된 형태는 '-хдаа[4]'이다. 이 형태들은 일정한 행위나 상태가 일어나는 시간, 또한 시간의 어떤 순간이나 부분 등의 의미를 나타낸다.

Намайг бага байхад энэ байшин байгаагүй.
Намайг гэртээ байхад тэд ирсэн.
Та нар монголд байхдаа аялалаар их явсан уу?
Би гэртээ байхдаа түүнтэй утсаар ярьсан.

(2)

-ХАД	-ХДАА
· 선행문과 후행문의 동작주가 일치하지 않는다. · **-хад**를 취한 선행문의 동작주는 목적격의 지배를 받는다.	· 선행문과 후행문의 동작주가 일치한다. · 선행문과 후행문의 동작주가 한명일 경우 **-хдаа**를 취한 선행문의 동작주는 주격의 형태를 취한다.
Намайг гэрээс гарахад **ээж** гэртээ байсан. **Намайг** бага байхад **Болд** манай хөрш байсан.	**Би** гэрээс гарахдаа гар утсаа мартсан. **Би** бага байхдаа энэ хотод амьдардаг байсан.

5. 몽골어의 수사

(1) 수사는 수량이나 차례를 나타내는 말이다. 즉 수량을 세거나 순서를 나타낼 때 우리는 수사를 쓰게 된다. 현대 몽골어의 수량을 나타내는 수사는 다음과 같다.

1	нэг	10	арав	11	арван нэг	12	арван хоёр ...
2	хоёр	20	хорь	21	хорин нэг	22	хорин хоёр ...
3	гурав	30	гуч	31	гучин нэг	32	гучин хоёр ...
4	дөрөв	40	дөч	41	дөчин нэг	42	дөчин хоёр ...
5	тав	50	тавь	51	тавин нэг	52	тавин хоёр ...
6	зурга	60	жар	61	жаран нэг	62	жаран хоёр ...
7	доло	70	дал	71	далан нэг	72	далан хоёр ...
8	найм	80	ная	81	наян нэг	82	наян хоёр ...
9	ес	90	ер	91	ерэн нэг	92	ерэн хоёр ...
100	зуу	200	хоёр зуу...				
1,000	мянга	10,000	арван мянга	100,000	зуун мянга		

(2) 몽골어의 수사는 한국어와 같이 따로 품사로 분류되는 것이 아니라 명사 일부 부류에 속하고 있다. 따라서 체언을 수식하는 자리에 쓰일 때 속격어미 '-н'를 취한다. 단, 1(нэг)과 2(хоёр)는 예외이다.

нэг	→	**нэг** хүн	арван нэг	→	арван нэгэн цаг
хоёр	→	**хоёр** морь	арван хоёр	→	арван **хоёр** цаг
гурав	→	гурван ном			
мянга	→	мянган төгрөг			

듣기 연습

1. 다음 문장을 잘 듣고 따라서 말해 보세요.

» Цаг хэд болж байна?

Арван цаг болж байна.
Арав болж байна.
Арван цаг арван минут болж байна.
Арав арав болж байна.
Арван цагаас арван минут өнгөрч байна.
Арваас арван минут өнгөрч байна.
Хоёр цаг гучин минут болж байна.
Хоёр гуч болж байна.
Хоёр хагас болж байна.
Зургаан цагт таван минут дутуу байна.
Зургаад таван минут дутуу байна.
Тав тавин тав болж байна.

2. 다음 문장을 잘 듣고 따라서 말해 보세요.

» Танай хичээл хэдэн цагт тарах вэ?
» Гурван цаг хагаст тарна.
» Гурав хагаст тарна.

» Маргааш хоёулаа хэдэн цагт уулзах вэ?
» Нэг цагт уулзъя.
» Нэгд уулзъя.

» Чи хэдэн цагт ирэх вэ?
» Би таван цагт ирнэ.

» Чи хэдэд ирэх вэ?
» Би тавд ирнэ.

» Чи хэд гэхэд ирэх вэ?
» Би тав гэхэд ирнэ.

3. 다음 문장을 잘 듣고 따라서 말해 보세요.

» Чи завтай байна уу?
» Завтай завтай. Завтай байна.

» Чи завтай байна уу?
» Би жаахан завгүй байна.

읽기 연습

1. 다음 문형을 차례대로 읽어 보세요.

Цаг	хэд	болж байна?

<table>
<tr><td>Арван цаг
Яг арван цаг
Нэг цаг гучин минут
Нэг хагас
Хоёр цаг арван минут
Хоёр арав</td><td>болж</td><td rowspan="3">байна.</td></tr>
<tr><td>Хоёр цагаас арван минут
Хоёроос арван минут
Таван цагаас хорин минут
Тавaас хорин минут</td><td>өнгөрч</td></tr>
<tr><td>Арван цагт гурван минут
Аравт гурван минут</td><td>дутуу</td></tr>
</table>

2. 다음 문형을 차례대로 읽어 보세요.

<table>
<tr><td>Аав
Ээж
Багш
Найз</td><td>минь
чинь
нь</td><td>ирж байна.
сууж байна.
ном уншиж байна.
дуу дуулж байна.</td></tr>
</table>

3. 다음 문형을 차례대로 읽어 보세요.

Чи Та Та нар Тэр Болд	ном сонин телевиз радио хичээл	унших сонсож үзэж хийж	байна уу? байгаа юу?

Тийм. Тэгж байна.	Би Бид нар Тэр Болд	ном сонин телевиз радио хичээл	унших сонсож үзэж хийж	байна. байгаа.

Үгүй.	Би Бид нар Тэр Болд	ном сонин телевиз радио хичээл	уншаагүй сонсоогүй үзээгүй хийгээгүй	байна.

4. 다음 문형을 시간연결어미 -хад에 유의하여 읽어 보세요.

<table>
<tr><td rowspan="2">Намайг
Чамайг
Таныг
Түүнийг
Болдыг</td><td rowspan="2">бага
монголд
солонгост
сургууль дээр
энд
гэртээ</td><td rowspan="2">байхад</td><td rowspan="2">чи
би
тэр
Туяа</td><td>хаана
юу хийдэг
ямар хэл үздэг
ямар хүүхэд</td><td>байсан бэ?</td></tr>
<tr><td>хичээлээ хийж
ном уншиж
монгол хэл сурч</td><td>байсан уу?</td></tr>
</table>

<table>
<tr><td rowspan="2">Чамайг
Намайг
Түүнийг
Болдыг</td><td rowspan="2">бага
монголд
солонгост
сургууль дээр
энд
гэртээ</td><td rowspan="2">байхад</td><td rowspan="2">би
чи
тэр
Туяа</td><td>монголд
солонгост
багш хийдэг
монгол хэл үздэг
сэргэлэн хүүхэд</td><td rowspan="2">байсан.
байгаагүй.</td></tr>
<tr><td>хичээлээ хийж
ном уншиж
монгол хэл сурч</td></tr>
</table>

5. 다음 문형을 시간연결어미 -хдаа에 유의하여 읽어 보세요.

<table>
<tr><td>Би
Тэр
Миний найз
Багш</td><td>өглөө
өнөөдөр
орой
өчигдөр</td><td>сургуульдаа
ажилдаа
номын санд</td><td>явахдаа
очихдоо</td><td>номоо мартаад явсан.
замдаа их удсан.
нэг ном авлаа.
таксигаар явсан.
автобусанд суулаа.
түлхүүрээ мартжээ.</td></tr>
</table>

<table>
<tr><td>Намайг
Чамайг
Түүнийг
Болдыг
Аавыг</td><td>ажилдаа
сургуульдаа
гэртээ
найзындаа
кафед
гуанзанд</td><td>явахад
очиход
ороход</td><td>би
чи
Туяа
ээж
тэр</td><td>гадаа зогсож байсан.
утаар ярьж байсан.
даалгавраа хийж байсан.
унтаж байсан.
тэнд сууж байсан.</td></tr>
</table>

추가 어휘

амжих	가능하다, 할 수 있다
болзоо	약속
ганц	단일, 혼자
дутагдал	결점, 부족
дутуу	모자라다, 부족
ерөөсөө	전혀, 아예
заавал	꼭, 반드시
магадгүй	아마도
оройтох	늦다
өнгөрөх	지나다
өөрчлөгдөх	변하다
сэтгэл	마음
төрсөн өдөр	생일
тусархаг	진찰하다
тэгээд	그래서
унтах	자다
хагас	절반
хоёулаа	둘이서
хоцрох	늦다
хүлээх	기다리다
яг	꼭

쓰기 연습

1. <보기>와 같이 빈칸에 알맞은 어미를 써서 문장을 완성해 보세요.

보기

Хүнс**ний** дэлгүүр**ээс** будаа, ногоо худалдан ав**лаа**.

(1) Би өчигдөр зах________ такси________ яв________.

(2) Болд ажил________ дандаа автобус________ яв________.

(3) Чи хоол________ халбага________ ид________.

(4) Би чи________ энэ ном________ авч бол________.

(5) Чи монгол найз________ монгол________ ярь________.

2. 다음 빈칸에 알맞은 것을 골라 문장을 완성하세요.

(1) Болдын аав багш. ________ эмч хийдэг.

① ээжтэй нь ② ээждээ ③ ээж нь

(2) Туяа! Тэр ________ хаана сурдаг юм бэ?

① найзаа ② найз минь ③ найз чинь

(3) Өвөө! Бие ________ сайн уу?

① минь ② тань ③ миний

(4) Миний том дүү долоон настай. Харин бага дүү ________ гурван настай.

① нь ② минь ③ чинь

(5) Чи ________ найз нарыг сайн таних уу?

① ах чинь ② ах нь ③ ахынхаа

3. <보기>와 같이 괄호 안의 단어를 이용하여 질문에 대답해 보세요.

보기

A: Одоо юу хийж байна? (сургуульд сурах)

Б: Одоо сургуульд сурч байна.

(1) **A:** Хэнтэй уулзаж байна вэ? (найзтай уулзах)

Б: ______________________

(2) **A:** Гадаа ямар байна? (бороо орох)

Б: ______________________

(3) **A:** Би мэдээ үзэж байна. (би ч бас мэдээ үзэх)

Б: ______________________

(4) **A:** Намайг утасдахад юу хийж байсан бэ? (сонин унших)

Б: ______________________

(5) **A:** Одоо ч гэсэн цас орж байна уу? (цас орох)

Б: ______________________

4. <보기>와 같이 시간을 묻는 질문에 대답해 보세요.

보기

А: Одоо цаг хэд болж байна?
Б: Нэг цаг арван таван минут болж байна.

(1) 

А: Одоо цаг хэд болж байна?
Б: ____________________

(2) 

А: Одоо цаг хэд болж байна?
Б: ____________________

(3) 

А: Одоо цаг хэд болж байна?
Б: ____________________

(4) 

А: Одоо цаг хэд болж байна?
Б: ____________________

(5) 

А: Одоо цаг хэд болж байна?
Б: ____________________

5. 다음 빈칸에 괄호 안의 숫자를 몽골어로 써 보세요.

(1) Манай аав __________ (49)-тэй, ээж __________ (47)-той.

(2) Манай хичээл __________ (8) цагт эхлээд, үдээс хойно __________ (3) цагт тардаг.

(3) __________ (3) дэвтэр, __________ (4) бал, __________ (1) баллуур өгөөрэй.

(4) Гэртээ __________ (2), сургууль дээр __________ (3) цаг, нийт __________ (5) цаг хичээлээ давтсан.

(5) Дэлгүүрээс __________ (10) кило мах авсан.

말하기 연습

1. 다음 대화를 읽고 친구들과 함께 학습해 보세요.

(1) Чи маргааш завтай юу?
Завтай. Яасан?
Тэгвэл хоёулаа уулзах уу?
Тэгье. Хаана хэдэн цагт уулзах вэ?
Төв талбай дээр хоёр хагаст уулзъя.

(2) Одоо цаг хэд болж байна?
Арав хагас болж байна.
За тэгвэл гучин минутын дараа гарцгаая.

(3) Чи орой долоо гээд манайд ирж чадах уу?
Чадна чадна. Би долоо гээд яваад очъё.

Энэ ажлыг хэдэн цаг гэхэд дуусгах ёстой вэ?
Таван цагаас өмнө дуусгах хэрэгтэй.

Өнөөдөр орой зургаан цагт хуралтай шүү. Битгий хоцроорой.
За. Би таван минутын өмнө оччихсон байж байна аа.

(4) Чи яагаад хоцров?
Өглөө сэрүүлгээ тавихаа мартчихжээ. Тэгээд таг унтчихаж.

(5) Байна уу? Болд оо! Чи хэзээ ирэх юм бэ?
Аан, таван минутын дараа очноо.
Хичээл эхэллээ шүү. Эхлэхээс өмнө заавал ирээрэй.
За. Би есөн цаг болохоос өмнө заавал амжиж очно оо.

(6) Чи бага байхдаа ямар хүүхэд байсан бэ?
Би бага байхдаа эмээ өвөөдөө их эрхэлдэг хүүхэд байсан.

Чи гэртээ ирэхдээ замаараа нэг талх аваад ирээрэй.
За. Би харихдаа талх аваад очно оо.

Чамайг очиход тэр юу хийж байсан бэ?
Намайг очиход тэр утсаа оролдоод дэмий сууж байсан.

단원 평가

1. <보기>와 같이 다음 빈칸에 알맞은 것을 골라 대화를 완성하세요.

보기

А: Чи одоо юу хийж байна вэ?

Б: Кафед найзтайгаа ________________.

① уулзаж байна ② уулздаг ③ уулзжээ ④ уулзаарай

(1) **А:** Чи өнөөдөр сургууль дээр очсон уу?

Б: Тийм. Би өнөөдөр сургууль дээр ________________.

① очно ② очиж байна

③ очоорой ④ очсон

(2) **А:** Энэ хагас бүтэн сайнд завтай юу? Хамт хоол идэх үү?

Б: Уучлаарай. Би завгүй. Найзтайгаа ________________.

① уулзаж байна ② уулзахаар болсон

③ уулзмаар байна ④ уулзсан байгаа

(3) **А:** Хоёулаа хамт хөл бөмбөг тоглохоор явах уу?

Б: Уучлаарай! Би даалгавраа ________________.

① хийж байжээ ② хийж байлаа

③ хийж байна ④ хийж байдаг

(4) **А:** Одоо гарцгаах уу?

Б: Жаахан байж байгаад ________________ гарцгаая.

① тав гээд ② таван минут дутуу

③ таван цаг ④ таван минут

(5) **А:** Чи өнөөдөр орой завтай юу?

Б: Тийм. ________________.

① завтай ② завгүй

③ зав муутай ④ зав зайгүй

몽골 문화

몽골의 전통 놀이

몽골의 남성 3종 경기였던 씨름, 활쏘기, 말타기는 예전부터 몽골 지역에 있던 고대 국가들의 군사적 역량의 기본적인 토대에 근거하며 기쁨을 나누고 즐기는 놀이었다. 특히, 몽골의 대표적인 서사시들에는 씨름, 활쏘기, 말타기뿐만 아니라 남성 3종 경기에 관한 서술이 있다. 서부 몽골족인 오이라드의 “장가르”라는 영웅 서사시에는 죽음과 삶을 마주하고 씨름과 활쏘기 경기를 계속함으로써 적을 제압하여 무찌르는 장면을 예리하고 생생하게 표현한다.

또한 몽골족의 또 다른 유명한 “게세르”라는 서사시의 내용에는 주인공 장정이 약혼녀를 얻음으로써 힘이 강한 천지의 영웅들과 함께 “남성 3종 경기”를 통해 경쟁하여 승리하고 있음을 이야기한다. 이러한 사실은 남성의 세 가지 힘(능력)이 예전부터 몽골인들의 전통적인 놀이이자, 군인들을 단련하는 수단이었다는 점을 반영하는 대목이다.

또 다른 몽골의 전통 놀이로는 샤가이가 있다. 몽골인들은 그들이 기르던 가축의 뼈 가운데 특정 부분을 경외하며, 종교 제의나 놀이, 전통 시합 등에 이용한다. 가축 뼈로 하는 대중적인 팀 대항 놀이 가운데 하나가 바로 ‘샤가이 쏘아 맞추기(Монгол Шагайн Харваа)’이다. ‘샤가이 쏘아 맞히기’는 6~8명이 한 팀을 이루고, 대리석 조각을 반질반질한 나무 표면 위에 놓고 손가락으로 튕겨 쏘아서 도미노처럼 쌓은 30개의 양의 지골(　　)을 맞추어 목표 지점에 떨어뜨리는 게임이다.

시합이 진행되는 동안 사람들은 전통적인 ‘샤가이 쏘아 맞히기’ 가락과 노래를 부른다. 경기에 참여하는 사람들은 수공예로 만든 발사 도구와 장비를 개인별로 소장하며, 각자의 지위와 장점을 표현한 다양한 특징의 자수가 수 놓인 의복을 입는다. 팀의 구성원들은 서로가 긴밀한 유대관계를 유지하면서 상호 존중과 존엄이라는 도덕을 따른다.

‘샤가이 쏘아 맞히기’와 관련된 의식, 지식, 기술, 숙련 기능, 전문 지식, 그리고 각종 도구와 액세서리, 장비의 제작법 등은 도제식으로 전승되고 있다. 팀의 승리를 위하여 구성원들은 팀에 기여할 수 있도록 우호적인 환경을 제공받을 뿐 아니라, 서로를 지지하고 서로에 대해 알아감으로써 사회적 안녕과 개인의 발전을 위하여 기여하게 된다. ‘샤가이 쏘아 맞히기’ 전통은 서로 다른 배경을 지닌 팀 구성원들이 보다 친밀해질 수 있게 하며, 구성원 사이에 상호작용이 활발해져서 연장자와 타인을 존중하는 태도를 기르고, 사회적 결속을 도모할 수 있게 해준다.

09 Хоол унд

음식

학습목표

1. 몽골 음식 관련 표현 익히기
2. 몽골어의 형동사(관형사형)어미 익히기
3. 몽골어의 이유와 원인 구문 익히기

1. 몽골어의 미각 관련 표현에는 무엇이 있습니까?
2. 형동사어미는 어떤 문법소입니까?
3. 몽골어의 이유, 원인 구문에는 어떤 연결어미가 있습니까?

어휘 및 표현

хоол унд	식음료
гол төлөв	주로, 대부분
голдуу	주로, 대부분
ихэвчлэн	주로, 대부분
заримдаа	가끔, 때때로
будаа	쌀, 밥
шөл	국
хачир	반찬
идэх	먹다
уух	마시다
мах	고기
үхрийн мах	소고기
хонины мах	양고기
талх	빵
гурил	밀가루, 국수
масло	버터
хиам	햄
гуляш	굴라시, 구야시
бууз	보쯔, 만두
хуушуур	호쇼르, 구운 만두
амттай	맛이 있다
амтгүй	맛이 없다
үйлчлэгч	종업원
захиалга	주문
амсах	맛을 보다
өлсөх	배고프다

본문

Хоол унд

Монгол, солонгос хүмүүсийн хоол ундны соёл өөр байдаг. Солонгос хүмүүс гол төлөв будаа, шөл зэргийг төрөл бүрийн хачиртай хамт иддэг. Харин монголчууд махтай хоол, талх, гурилтай хоол их иддэг юм байна. Бас монгол хүмүүс цай их уудаг. Тийм болохоор, "өглөөний цай уух", "өдрийн цай уух" гэж ярьдаг юм байна.

Би монголд ирээд өглөөний цайгаа өөрөө бэлдэж уудаг. Өглөө голдуу масло, талх, заримдаа хиамтай талх идэж цай, кофе уудаг. Харин өдөр гэртээ ирж амжихгүй учраас өдрийнхөө хоолыг сургуулийнхаа ойролцоо гуанзанд иддэг. Миний хамгийн дуртай хоол бол гуляш. Гуляш бол жигнэсэн мах, ногооны хачир, будаатай хоол юм. Бас бууз, хуушуур зэрэг монгол хоол идэх дуртай.

대화 1

Болд	Үйлчлэгч ээ! Захиалга өгье.
Үйлчлэгч	Сайн байна уу? Та юу авах вэ?
Болд	Би нэг нийслэл салат, таван бууз авъя. Бас сүүтэй цай авъя.
Туяа	Би будаатай хуурга хагасаар авъя. Бас нэг байцааны салат авъя.
Үйлчлэгч	Уух юм юу авах вэ?
Туяа	Жимсний цай авъя.

대화 2

Болд	Наад будаатай хуурга чинь аль зэрэг амттай юм?
Туяа	Дажгүй сайхан амттай юм байна. Чиний авсан бууз чинь ямар байна?
Болд	Гоё бууз байна. Үхрийн махтай бууз байна. Чи амсаж үзэх үү?
Туяа	Тэгье.

문법설명

1. 몽골어의 형동사(관형사형)어미

일반적으로 문장에서 동사 어간에 붙어 관형사와 같은 기능을 할 수 있게 하는 어미를 관형사형어미라고 한다. 몽골어의 형동사(관형사형)어미로 '-х/-сан^4/-даг^4/-маар^4/-аа^4/-гч/-хуйц' 등이 있으며 이번 단원에서는 시제와 관련된 어미들에 대해서만 보고자 한다. 여기서 유의해야 할 점은 관형절과 후행절에서의 행위주는 다를 경우 선행절 즉, 관형절 행위주가 속격어미를 취한다.

(1) 과거완료 -сан/-сэн/-сон/-сөн

Миний өчигдөр үзсэн кино их сонирхолтой байсан.
Өглөө ээжийн хийж өгсөн хавчуургатай талх их амттай байлаа.
Өчигдөр орсон цас хайлаагүй байна.

(2) 과거미완료(과거진행) -аа/-ээ/-оо/-өө

Тэр ирж яваа хүн хэн бэ?
Чиний хийж байгаа ажил дуусах дөхөж байна уу?
Чиний хийж байгаа хоолыг амсаж үзэж болох уу?

(3) 현재반복 -даг/-дэг/-дог/-дөг

Манай ангид хичээл заадаг багш их сайн багш.
Болдын уншдаг ном ямар ном юм бол?
Миний амьдардаг газар их сайхан.

(3) 미래 -х

Солонгосоос энэ долоо хоногт ирэх хүн байна уу?
Маргааш орох хичээлдээ бэлтгэх хэрэгтэй.
Би түүнд өгөх бэлгээ бодож байна.

2. 한국어와 몽골어의 격어미 지배에 대한 상이점

한국어와 몽골어에서 문장 안에서 서술어가 요구하는 논항의 구조 및 수, 그리고 그것을 지배하는 격어미에 있어 다소 차이가 보인다. 이번 단원에서 그의 대표적인 표현 дуртай/дургүй에 대하여 간략하게 보고자 한다. 몽골어 'дуртай(좋아하다)', 'дургүй(싫어하다)'는 일반적으로 여·처격을 요구한다. 동사인 경우 미래시제 동명사 '-х' 어미를 요구한다. 그러나 한국어에서는 '좋아하다/싫어하다'는 타동사이며 명사인 경우 대격 조사, 동사인 경우 <명사형어미 '-기/것' + 대격조사 '을/를'> 구조를 요구하는 것이 일반적이다. 이처럼 각 언어의 특징에 따라 차이가 있으니 각별히 유의하여 외워 두어야 한다.

Би сүүтэй цайнд дуртай.	Би сүүтэй цай уух дуртай.
Болд ногоотой шөлөнд дургүй.	Болд ногоотой шөл идэх дургүй.
Тэр солонгос драмд дуртай.	Тэр солонгос драм үзэх дуртай.

3. 몽골어의 이유, 원인 구문

두 문장을 '이유, 원인'의 의미로 이어 주는 연결 표현으로 'учир/учраас, болохоор, тул, -аас болоод' 등이 있다. 이 표현들은 앞 문장이 뒤 문장의 이유나 원인이 되고 뒤 문장은 그로 인한 결과나 결과와 관련된 내용이 될 때 써 앞뒤 문장을 이유(원인)-결과로 연결한다. 이것은 한국의 '~하기(했기) 때문에, ~아서/어서, ~(으)니까' 등의 표현에 대응된다.

(1) учир, учраас

Өнөөдөр би хичээлгүй учир номын санд очиж ном уншив.
Өнөөдөр би их завгүй байсан учраас найзтайгаа уулзаж амжсангүй.
Маргааш өглөө эрт босох ёстой учраас одоо би унтлаа.

(2) 그러나 원인과 결과를 각각의 문장, 즉, 두 문장으로 나타내게 되면 결과를 나타내는 후행 문장이 'Тийм учраас, Ийм учраас'라는 표현이 사용된다.

Өнөөдөр би хичээлгүй. Тийм учраас номын санд очиж ном уншив.
Өнөөдөр би их завгүй байсан. Тийм учраас найзтайгаа уулзаж амжсангүй.
Маргааш өглөө эрт босох ёстой. Тийм учраас одоо би унтлаа.

(3) болохоор

Би хичээлээ сайн бэлдсэн болохоор энэ удаагийн шалгалтаа сайн өгч чадах байх.
Би өглөө цайгаа сайн уусан болохоор одоо өлсөхгүй байна.
Бүгдээрээ ирсэн болохоор одоо хичээлээ эхэлцгээе.

(4) '-аас болоод'는 역시 두 문장은 이유(원인)-결과로 연결하지만 그 결과가 대부분 부정의 의미를 가진다.

Чамаас болоод би хоцорчихлоо.
Бороо орсноос болоод болзоогоо хойшлууллаа.
Сэрүүлгээ тавиагүйгээс болоод өглөө таг унтчихжээ.

듣기 연습

1. 다음 문장을 잘 듣고 따라서 말해 보세요.

» Чи монгол хоолноос ямар хоолонд хамгийн дуртай вэ?
» Би хорхогт хамгийн дуртай.
» Би хуушуурт хамгийн дуртай.
» Би цуйван идэх дуртай.
» Би бүх хоолонд дуртай.
» Би бантангаас бусад хоолонд дуртай.

2. 다음 문장을 잘 듣고 따라서 말해 보세요.

» Энэ миний уншсан ном.
» Энэ миний унших ном.
» Энэ миний уншдаг ном.
» Энэ миний уншиж байгаа ном.
» Энэ миний уншмаар байгаа ном.

» Энэ киног үзсэн хүн байна уу?
» Энэ киног үзэх хүн байна уу?
» Энэ киног үздэг хүн байна уу?
» Энэ киног үзэж байгаа хүн байна уу?
» Энэ киног үзмээр байгаа хүн байна уу?

3. 다음 문장을 잘 듣고 따라서 말해 보세요.

» Чи яагаад монгол хоол идэх дургүй вэ?
» Яагаад гэвэл монгол хоол тос ихтэй.
» Тос ихтэй болохоор би монгол хоол идэх дургүй.
» Тос ихтэй учраас би монгол хоол идэх дургүй.
» Тосноос болоод би монгол хоол идэх дургүй.

» Яагаад чи монгол хэл суръя гэж бодсон бэ?
» Яагаад гэвэл би монголын түүхийн талаар их сонирхдог.
» Монголын түүхийн талаар их сонирхдог учраас би монгол хэл суръя гэж бодсон.
» Монголын түүхийн талаар их сонирхдог болохоор би монгол хэл суръя гэж бодсон.

읽기 연습

1. **다음 문형을 차례대로 읽어 보세요.**

Чи Та Та нар Тэр Тэд нар	өчигдөр өглөө урьд өмнө дээрийн	уншсан бичсэн үзсэн уулзсан	ном захиа кино хүн	энэ байна.
		уншиж байсан бичиж байсан үзэж байсан уулзаж байсан		
Миний Чиний Түүний Ээжийн Болдын	одоо	уншиж байгаа бичиж байгаа үзэж байгаа уулзаж байгаа	ном захиа кино хүн	энэ байна.
Миний Чиний Түүний Ээжийн Болдын	дандаа үргэлж хааяа заримдаа	уншдаг бичдэг үздэг уулздаг	ном захиа кино хүн	энэ байна.
Миний Чиний Түүний Ээжийн Болдын	маргааш дараа ирэх сард ирээдүйд	унших бичих үзэх уулзах	ном захиа кино хүн	энэ байна.

2. 다음 문형을 차례대로 읽어 보세요.

<table>
<tr><td>Чи
Тэр
Болд</td><td>монгол хоолонд
сүүнд
номонд
шар айрганд</td><td>дуртай юу?</td></tr>
</table>

<table>
<tr><td rowspan="4">Би
Тэр
Болд</td><td rowspan="4">монгол хоолонд
сүүнд
номонд
шар айрганд</td><td colspan="2">дуртай юу?</td></tr>
<tr><td colspan="2">дургүй.</td></tr>
<tr><td>дуртай</td><td rowspan="2">биш.</td></tr>
<tr><td>дургүй</td></tr>
</table>

3. 다음 문형을 격어미에 유의하여 읽어 보세요.

<table>
<tr><td rowspan="2">Чи
Та
Та нар
Тэр
Багш
Чиний найз</td><td rowspan="2">биеийн тамираар хичээллэх
найзуудтайгаа уулзах
ном унших
аялалаар явах
морь унах
монгол хэл сурах</td><td>дуртай</td><td rowspan="2">юу?</td></tr>
<tr><td>дургүй</td></tr>
</table>

<table>
<tr><td rowspan="2">Би
Бид нар
Тэр
Багш
Чиний найз</td><td rowspan="2">биеийн тамираар хичээллэх
найзуудтайгаа уулзах
ном унших
аялалаар явах
морь унах
монгол хэл сурах</td><td>дуртай.</td></tr>
<tr><td>дургүй.</td></tr>
</table>

4. 다음 문형을 이유, 원인 구문에 유의하여 읽어 보세요.

Чи Та Та нар Тэр хүн Чиний найз	яагаад	хоол идэхгүй хичээлдээ ирэхгүй юм ярихгүй асуултанд хариулахгүй ирэхгүй	байна(вэ)?

Би Бид нар Тэр хүн Чиний найз	гэртээ хоол идсэн өвдсөн уур нь хүрсэн мэдэхгүй	учир учраас болохоор	хоол идэхгүй хичээлдээ ирэхгүй юм ярихгүй асуултанд хариулахгүй	байна.

Би Бид нар Тэр хүн Чиний найз	гэдэс өвдсөнөөс өвдсөнөөс уур нь хүрсэнээс мэдэхгүйгээс	болоод	хоол идэхгүй хичээлдээ ирэхгүй юм ярихгүй асуултанд хариулахгүй	байна.

추가 어휘

адилхан	꽤 같은, 동일한
бүтэн	완전한
бэлэн мөнгө	현금
газар	장소
даруулга	안주
меню	메뉴
монгол хоол	몽골 음식
нийслэл салат	감자 샐러드
ногооны салат	채소 샐러드
порц	인분
солонгос хоол	한국 음식
сүүтэй цай	우유차
тооцоо	계산
үндэсний хоол	전통 음식
хавиргатай хуурга	갈비볶음
хавиргатай шөл	갈비탕
хатаасан төмс	칩스
хоолонд орох	식사하다, 외식하다
хуурга	볶음
хуушуур	호쇼르
цагаан хоол	채식
цуцлах	취소하다
цэс	메뉴판
шар айраг	맥주
шарсан хавиргатай хуурга	구운 갈비볶음

쓰기 연습

1. 다음 빈칸에 알맞은 것을 골라 문장을 완성하세요.

(1) Чиний дандаа ______ кофе шоп энэ мөн үү?

① ордог ② орох ③ ормоор

(2) Өдрийн хоолонд ______ хоол их амттай байлаа.

① идэх ② идэх ③ идсэн

(3) Энэ миний маргааш ______ галт тэрэгний билет.

① явах ② яваа ③ явдаг

(4) Энэ бол яг одоо энэ улиралд ______ монгол хэлний сурах бичиг.

① үзсэн ② үзэж байгаа ③ үзсээр

(5) Дараа сард солонгосоос ______ хүн байна уу?

① ирдэг ② ирсэн ③ ирэх

2. 다음 질문에 대답해 보세요.

(1) **А:** Чи хагас бүтэн сайн өдөр юу хийх дуртай вэ?

Б: ______________________________

(2) **А:** Чиний хамгийн дуртай хоол чинь юу вэ?

Б: ______________________________

(3) **А:** Чиний үзсэн хамгийн дуртай кино чинь юу вэ?

Б: ______________________________

(4) **А:** Та хонины махтай хоолонд дургүй юу?

Б: ______________________________

(5) **А:** Чи аялалаар явах дуртай юу, дургүй юу?

Б: ______________________________

3. 빈칸에 알맞은 말을 넣어 문장을 완성해 보세요.

(1) ______________________ болохоор би хичээлдээ явж чадахгүй.

(2) Би өнөөдөр эмчид үзүүлнэ. Яагаад гэвэл ______________________.

(3) ______________________ болохоор би монгол явах хэрэгтэй.

(4) ______________________ учраас би хонины маханд дуртай биш.

(5) Би өнөөдөр эмчид үзүүлнэ. Яагаад гэвэл, ______________________.

말하기 연습

1. 다음 대화를 읽고 친구들과 함께 각 구문과 어휘들의 형태소를 분석해 보세요.

(1) Та юу захиалах вэ?
Би цуйван хагасаар захиалъя.
Уух юм авах уу?
Авъя. Сүүтэй цай авъя.

(2) Чи амралтын өдрөөрөө юу хийх дуртай вэ?
Би гадуур гарч найзуудтайгаа уулзан ярьж суух дуртай. Харин чи?
Би бол гэртээ амрах дуртай. Хаашаа ч гарахгүй юу ч хийхгүй.

(3) Чи жимсэнд дуртай юу?
Тийм. Би жимсэнд дуртай.
Чи ямар жимсэнд дуртай вэ?
Би алиманд дуртай. Харин чи юунд дуртай вэ?
Би тарганд, сүүнд дуртай.
Чи загасанд дуртай юу?
Үгүй. Би дургүй.

(4) Чи яагаад өчигдөр хичээлдээ ирсэнгүй вэ?
Би өвдөөд ирж чадсангүй. Гэдэс өвдөөд.
Эмчид үзүүлсэн үү?
Би эмнэлэг хаана байдгийг мэдэхгүй болохоор эмчид үзүүлж чадсангүй.
Юунаас болоод өвдөв?
Удсан загаснаас болоод өвдсөн байх аа.

(5) Минсү! Чи өлсөж байна уу? Хоёулаа хамт юм идэх үү?
Тэгье тэгье. Би харин жаахан өлсөөд байсан юм. Юу идэх үү?
Тэр хажуугийн гуанз орох уу? Гэхдээ чи монгол хоол сайн идэж чадах уу?
Чадалгүй яахав. Би монгол хоолонд их дуртай.
Хонины мах ч гэсэн идэж чадах уу?
Чадна чадна. Хонины мах чинь их амттай шүү дээ.

단원 평가

1. 다음 문장 중 비문(온전하지 않은 문장)을 골라 보세요.

(1) ① Чи чам руу явуулсан мэйлийг авсан уу?

② Түүний хийж байгаа ажилд нь туслах хэрэгтэй.

③ Маргааш ирсэн хүмүүсийн нэрийг энд бичээрэй.

④ Би түүнтэй өдөр болгон уулздаг болохоор дамжуулаад хэлчихье.

(2) ① Болд аялалаар явах их дуртай.

② Би монгол хоолийг их дуртай.

③ Миний найз морь унах дургүй.

④ Би кимчитэй шөлөнд их дуртай.

(3) ① Зам бөглөрснөөс болоод би ажлаасаа хоцорчихлоо.

② Би гэртээ хоол идсэн болохоор одоо юм идмээргүй байна.

③ Би энэ асуултыг сайн мэдэхгүй болоод хариулж чадахгүй байна.

④ Өчигдөр тэр өвдсөнөөс болоод ирж чадаагүй гэнэ.

몽골 문화

언어습관 -죽음의 표현-

몽골어에는 전 세계에서 죽음에 대한 표현을 대체할 가장 많은 완곡어를 가지고 있는 언어들 중의 하나라고 볼 수 있을 만큼 다양한 어휘와 관용 표현이 남아 있다. 몽골비사에서는 신분, 종교, 나이, 성별 등에 따라 죽음을 표현하는 어휘적 표현이 각각 다르게 나타난다. 신분의 고하에 따라 죽음을 표현하는 말을 예를 들어 본다면, 대칸(хаан) 또는 임금이 죽으면 тэнгэрт гарах(하늘에 오르다)이요, 제후가 죽으면 нас нөхчих(수명을 다하다), 무속인은 자연으로 돌아간다는 뜻에서 үгүй болох(사라지다), 일반인과 군인은 үхэх(죽다)라고 했다.

고대에 몽골 왕족들은 도굴 방지를 위해 대개 평장을 행했으며, 죽음의 관용 표현 또한 천상계에 올라 천신이 된다는 의미의 тэнгэрт гарах(하늘에 오르다)라고 하여 일반인의 죽음과 차이를 두었다. 고관 및 제후의 죽음을 높여 이르는 말도 нас нөхчих(졸거)로 기록하여 칸의 죽음과 차이를 두고 있다.

또한 중세 몽골의 유목문화가 반영된 몽골비사에 따르면, 군인이 죽은 경우, 종교적 관념 없이 일반인의 죽음과 동일한 үхэх(죽다)로 표현하고 있다. 이는 일반인의 죽음과 마찬가지로 모두 үхэх(죽다)로 표현하고 있음을 알 수 있다. 마지막으로 샤먼은 үгүй болох(사라지다)라고 하여 일반인의 죽음과 차이를 두었다. 동북아의 샤머니즘에서는 샤먼을 하늘, 자연, 인간을 연결해주는 매개자로 인식하였으며, 특히 몽골 샤먼의 경우 영혼이 탈혼하여 지상, 지하세계로 이동한다고 보았다.

10 Найзындаа

친구 집에서

학습목표

1. 몽골어의 복수형어미 익히기
2. 몽골어의 양보연결어미 익히기
3. 몽골어의 인용절 익히기

1. 몽골어의 복수어미에는 몇 가지 어미가 있습니까?
2. 양보연결어미는 어떤 개념입니까?
3. 직접인용과 간접인용의 차이점은 무엇입니까?

어휘 및 표현

айл	가정
анд найз	친구
багахан	꽤 작은
баяр	축제
бэлэг	선물
бэлэг дурсгал	기념품
урих	초대하다
танхим	교실, 학과사무실
такси барих	택시를 잡다

본문

Найзындаа

Өнөөдөр Туяа ангийнхаа найзуудыг гэртээ урив. Манай ангийнхан жаахан бэлэг аваад Туяагийнд очихоор болов. Тэгээд Туяагийнд өгөхөөр аятайхан бэлэг дурсгалын зүйл хайсан боловч олсонгүй. Бас Туяагаас “Юу хэрэгтэй вэ?” гэж асуусан боловч тэр “Юу ч хэрэггүй. Зүгээр хүрээд ир!” гэв. Туяа биднийг юу ч авах хэрэггүй гэсэн боловч бид нар ярилцаж байгаад их дэлгүүрээс нэг хөөрхөн чихмэл тоглоом авахаар болов.
Туяагийнх гуравдугаар хороололд байдаг юм байна. Бид Туяагийнх руу таксигаар явахаар болов. Их дэлгүүрийн гадаа такси барихаар арван минут хүлээсэн боловч таксинд сууж чадсангүй. Тэгээд автобусаар явахаар боллоо.

대화 1

Туяа Минсүү! Чи өнөөдөр орой завтай юу?
Минсү Завтай. Ясан?
Туяа Би өнөөдөр найзуудаа гэртээ урих гэсэн юм. Чи бас хамт ирж чадах уу?
Минсү Чадна чадна. Баярлалаа! Монголд айлд зочлохдоо юу авч очдог вэ?
Туяа Юу ч авч ирэх хэрэггүй ээ. Зүгээр хүрээд ир!

대화 2

Туяа Болд оо! Чи маргааш үдээс хойно юу хийх вэ?
Болд Би номын санд суух байх аа. Ясан?
Туяа Чамайг завтай бол хамт кино үзэх үү гэх гэсэн юм.
Болд Тэгвэл нөгөөдөр болох уу? Би нөгөөдөр бол завтай.

대화 3

Болд Туяа! Багш чамайг ороод ир гэнэ.
Туяа Аан за. Хаана ир гэж байна?
Болд Тэнхимд ороод ир гэнээ. Яаралтай гэнэ.
Туяа За би одоохон очлоо гэж хэлээрэй.

문법설명

1. 몽골어의 복수형어미

현대 몽골어 명사의 복수는 몇 가지 어미를 통해서 나타나며 구체적인 규칙이 없으므로 복습을 통해 외우는 것 외에는 방법이 없다. 몽골어의 복수형어미는 다음과 같다.

(1) -ууд/-үүд

일반적으로 제일 많이 쓰이는 복수형어미이다. 몽골어 문법서들을 보면 주로 사물인 경우에 많이 사용된다고 기술하고 있다. 명사 어간이 장모음나 이중모음으로 끝났을 경우 자음 '-н'이 삽입된다.

ном	→	номнууд	муур	→	муурнууд
шувуу	→	шувуунууд	хоол	→	хоолнууд
найз	→	найзууд	хүүхэд	→	хүүхдүүд

(2) -чууд/-чүүд

주로 사람, 또는 공동체에 많이 사용된다. 구어체에서 '-чуул/-чүүл'로도 사용된다.

монгол	→	монголчууд	эмэгтэй	→	эмэгтэйчүүд
солонгос	→	солонгосчууд	эрэгтэй	→	эрэгтэйчүүд
хөгшин	→	хөгшчүүл	бага	→	багачуул

(3) нар

사람과 관련된 명사 뒤에 쓰이며 다른 어미들과 달리 띄어서 써야 한다.

багш	→	багш нар	эмч	→	эмч нар
найз	→	найз нар			

(4) -д/-с

주로 자음 'л, н, р'으로 끝난 명사 뒤에 쓰이며 이때 마지막 자음 'л, н, р'가 생략된다.

нөхөр	→	нөхөд	зочин	→	зочид
дээд	→	дээдэс	их	→	ихэс

(5) 명사 앞에 수량을 나타내는 수식어가 있는 경우 복수형어미를 연결하지 않는다.

олон ном	хэдэн харандаа
арван оюутан	хоёр шувуу

2. 접미사 -х와 -хан

(1) 접미사 '-х'은 사람이나 특정한 집단을 자칭하는 명사 뒤에 붙어 '그 사람이나 집단이 속한 곳, 장소'라는 의미를 나타낸다. 구조상 <명사 + 속격어미 + -х> 구조가 일반적이다. 그러나 뒤에 여·처격이 연결되면 앞의 '-х'가 탈락된다.

Танайх хаана байдаг вэ?
Манайд ирээрэй.
Туяагийнх хороололд байдаг.
Бид Туяагийнд очихоор болов.

(2) 접미사 '-хан'은 사람이나 특정한 집단을 자칭하는 명사 뒤에 붙어 '그 사람이나 집단이 속한 무리'라는 의미를 나타낸다.

Манай ангийнхан өнөөдөр уулзлаа.
Бид доод ангийнхандаа сайн тусладаг.
Манайхан бүгд цугларчээ.

3. 양보연결어미 -вч

(1) 양보연결어미 '-вч'는 선행절과 반대되는 내용이 후행절에서 나타날 때 쓰이며 해당 행위에 대하여 화자가 불만족스럽다는 의미를 나타낸다.

Би түүнийг их удаан хүлээсэн боловч тэр ирсэнгүй.
Багш энэ тухай сайн тайлбарлаж өгсөн боловч би сайн ойлгосонгүй.
Би үхрийн махтай бууз захиалсан боловч хонины махтай бууз өгчээ.

(2) 명사와 형용사, 또는 관형사형어미를 취한 동사 뒤에 양보연결어미 '-вч'는 계사 'бай-, бол-'과 같이 쓰인다.

Тэр эмэгтэй боловч яг эрэгтэй хүүхэд шиг зантай.
Энэ бараа үнэтэй боловч чанар сайтай.
Би энэ тухай дандаа боддог боловч түүнд хэлээгүй.
Би түүнд энэ тухай хэлсэн боловч тэр мартсан юм шиг байна.

(3) 양보연결어미 '-вч'와 유사하게 쓰이는 형태들이 많다. 특히 구어체에서 다음과 같이 다양하게 나타날 수 있다.

(3-1) ч

Би англи хэлэндээ сайн боловч монгол хэлэндээ муу.
Би англи хэлэндээ сайн ч монгол хэлэндээ муу.

(3-2) ч гэсэн / ч гэлээ

Би өчигдөр их орой унтсан ч гэсэн өглөө эрт бослоо.
Хичнээн хэцүү байлаа ч гэлээ тэсээд гарах хэрэгтэй.

4. 몽골어의 인용절

인용절은 자신이나 남의 말, 글 또는 생각이나 판단 등을 옮겨와서 표현한 것으로 다른 문장 속에 내포된 문장을 말한다. 몽골어의 인용절은 'гэ-'라는 인용 동사의 도움으로 만들어지는 것이 일반적이다.

Туяа! Багш чамайг ороод ир гэнэ.
Би одоохон очлоо гэж хэлээрэй.
Тэр намайг дахиад сайн бод гэв.

(1) гэж
직접 인용문과 간접 인용문을 본 문장과 연결시킨다. 'гэж' 다음에 'ярих, хэлэх, байх' 등의 동사가 후행한다.

Өнөө орой аав эрт ирнэ гэж байна.
Маргааш найзындаа очно гэж хэлсэн.

(2) гэдэг
한국어의 '~라고 한다, ~라고 불린다, ~라는'에 대응된다.

Намайг Ким Минсү гэдэг.
Энэ бол "морин хуур" гэдэг монгол үндэсний хөгжим юм.

(3) гэнэ
의미가 종결된 문장의 끝에 오게 되면 어떤 일에 대해서 간접적으로 전해 들었다는 의미를 나타낸다.

Маргааш цас орно гэнэ.
Багш ирэхгүй гэнэ. Өвдсөн гэнэ.

듣기 연습

1. 다음 어휘를 잘 듣고 따라서 말해 보세요.

» ном ········ номнууд
» шувуу ········ шувуунууд
» найз ········ найзууд

» монгол ········ монголчууд
» солонгос ········ солонгосчууд
» хөгшин ········ хөгшчүүл

» багш ········ багш нар
» найз ········ найз нар

» нөхөр ········ нөхөд
» дээд ········ дээдэс

» муур ········ муурнууд
» хоол ········ хоолнууд
» хүүхэд ········ хүүхдүүд

» эмэгтэй ········ эмэгтэйчүүд
» эрэгтэй ········ эрэгтэйчүүд
» бага ········ багачуул

» эмч ········ эмч нар

» зочин ········ зочид
» их ········ ихэс

2. 다음 문장을 잘 듣고 따라서 말해 보세요.

» Би биеийн тамираар хичээллэх дуртай ч надад зав их гардаггүй.
» Би биеийн тамираар хичээллэх дуртай боловч надад зав их гардаггүй.
» Би өглөө цайгаа уусан ч гэсэн одоо өлсөөд байна.
» Би өглөө цайгаа уусан боловч одоо өлсөөд байна.
» Бид нар өглөө эрт гарсан ч гэсэн хоцорч очлоо.
» Бид нар өглөө эрт гарсан боловч хоцорч очлоо.

3. 다음 문장을 잘 듣고 따라서 말해 보세요.

» Аав түүнийг хичээлээ сайн хийгээрэй гэсэн.
» Аав түүнийг хичээлээ сайн хийгээрэй гэж хэлсэн.
» Аав түүнийг хичээлээ сайн хийгээрэй гэж захисан.
» Аав түүнийг хичээлээ сайн хийгээрэй гэж байна.

» Би багшийнхаа унш гэсэн номыг уншлаа.
» Тэр миний очоод уулз гэсэн хүнтэй уулзжээ.
» Миний огт хийж болохгүй шүү гэсэн юмыг хийчихсэн байна.

읽기 연습

1. 다음 문형을 차례대로 읽어 보세요.

Би Тэр Тэд нар Миний найз	энэ тухай сайн ойлгосон хичээлээ сайн хийсэн өглөө эрт гарсан удаан хүлээсэн сайн тайлбарласан Туягийнд очсон хоол идсэн	болович ч	буцаагаад мартчихжээ. шалгалтандаа муу авсан. хичээлээсээ хоцорсон. найз ирээгүй. ерөөсөө ойлгоогүй. тэр байхгүй байсан гэдэс нь өлсөж байна.

Би Тэр Тэд нар Миний найз	англи хэлэндээ ярианы хичээлдээ монгол хоол идэхдээ	сайн	болович ч	монгол хэлэндээ унших хичээлдээ солонгос хоол идэхдээ	муу.

2. 다음 인용문을 차례대로 읽어 보세요.

Тэр Тэд нарт Аав Миний найз	намайг чамайг түүнийг ээжийг Туяаг	дараа уулзъя хамт кино үзье хичээлээ хамт хийе эрт ирээрэй хоол хийгээрэй хичээлээ сайн хий	гэсэн. гэж хэлсэн. гэж дамжуулсан. гэж гуйсан. гэж байна.

Намайг Түүнийг Энийг Энэ амьтныг	Болд Ким Минсү эмээлийг бүүрэг коала баавгай	гэдэг.

Чи Та Та нар Тэр	миний багшийн түүний аавын	үз орчуул бич цээжил давт	гэсэн	үгийг номыг бичгийг юмыг зүйлийг хичээлийг	үзсэн орчуулсан бичсэн цээжилсэн давтсан	уу? үү?

Би Бид нар Тэр	чиний багшийн түүний аавын	үз орчуул бич цээжил давт	гэсэн	үгийг номыг бичгийг юмыг зүйлийг хичээлийг	үзсэн. орчуулсан. бичсэн. цээжилсэн. давтсан.

추가 어휘

бүгдээрээ	모두
дарс	포도주, 와인
жигнэмэг	과자
зориулах	바치다
зочломтгой	대접을 잘 하다
мартах	잊다
орчин үе	현대
уулгах	마시게 하다
хүмүүс	사람들
цай	차(茶)
цай уулгах	차를 대접하다, 대접하다
цайлах	차를 대접하다, 대접하다
чанах	끓이다
шинэхэн	새로운
шокаладны цуглуулга	초콜릿 세트
шалгалт	시험
тайлбарлах	설명하다
ойлгох	이해하다
ярианы хичээл	회화 수업
унших хичээл	독해 수업
цээжлэх	외우다
давтах	복습하다

쓰기 연습

1. 다음 어휘에 알맞는 복수형어미를 찾아 O 표시하세요.

	-ууд/-үүд	-чууд/-чүүд	нар	-д	-с
(1) харандаа					
(2) монгол					
(3) эмч					
(4) найз					
(5) эрэгтэй					
(6) ажилчин				O	
(7) багш			O		
(8) бага					
(9) оюутан					
(10) жил					
(11) машин					
(12) их					
(13) доод					O
(14) уул					
(15) жолооч					
(16) солонгос					

2. **<보기>와 같이 양보연결어미 '-вч(боловч)'를 이용하여 다음 두 문장을 하나의 문장으로 만들어 보세요.**

보기

Би түүнийг удаан хүлээсэн. Тэр ирээгүй.

➡ Би түүнийг удаан хүлээсэн боловч тэр ирээгүй.

(1) Би орой эрт унтсан. Би өглөө оройтож босов.

→ ______________________________

(2) Тэр надад энэ тухай хэлсэн. Би мартчихсан.

→ ______________________________

(3) Гэдэс их өлсөж байсан. Би хоол идээгүй.

→ ______________________________

(4) Тэр япон хэлэндээ сайн. Тэр монгол хэлэндээ муу.

→ ______________________________

(5) Түүнд би өнөөдөр эрт ирээсэн гэсэн. Тэр оройтсон.

→ ______________________________

3. <보기>와 같이 다음 두 문장을 하나의 문장(인용문)으로 만들어 보세요.

보기 Багш надад хэлсэн. / Чи энэ өгүүлбэрийг маргааш гэхэд орчуулаад ирээрэй.

➡ Багш намайг энэ өгүүлбэрийг маргааш гэхэд орчуулаад ирээрэй гэсэн.

(1) Эмээ асуусан. / Миний охин цайгаа уусан уу?

→ ______________________________

(2) Болд надад зөвлөв. / Туяа! Энэ хагас бүтэн сайн өдөр сайн амар!

→ ______________________________

(3) Дөлгөөн багшид дамжуулж хэлсэн. / Өнөөдөр Болд бие нь өвдөж байна.

→ ______________________________

(4) Багш надад анхааруулсан. / Энэ удаагийн шалгалтаа сайн өгөх хэрэгтэй шүү.

→ ______________________________

(5) Эгч гарахдаа хэлсэн. / Би орой 8 цагт ирнэ.

→ ______________________________

말하기 연습

1. 다음 대화를 읽고 친구들과 함께 학습해 보세요.

(1) Чи өнөөдөр юу хийх гэж байна? Завтай юу?
Би завтай байна. Яасан?
Манайхан хамт уулзъя гэнэ. Хамт явах уу?
Тэгье тэгье. Хамт явъя.

(2) Танайх хаана байдаг вэ?
Манайх "Сансар"-т байдаг.
Танайхан хэдүүлээ вэ?
Манайх тавуулаа.

(3) Манайхан өнөөдөр уулзахаар болсон. Танайхан яахаар болсон бэ?
Манайхан бас уулзахаар болсон. Танайхан хаана уулзахаар болсон бэ?
Манайхан сургуулийн өмнө цуглахаар болсон. Танайхан?
Харин манайхан Төв талбайд уулзахаар болсон.

(4) Та надад үүнийг дахиад сайн тайлбарлаад өгөхгүй юу? Би хэд хэд уншсан боловч огт ойлгохгүй байна.
Би ч бас харсан боловч одоохондоо сайн мэдэхгүй байна. Хоёулаа багш дээр очиж асуух уу?
Би багшийн өрөөнд очсон боловч алга байна.

(5) Маргааш цас орно гэнэ үү?
Орохгүй гэнээ.

Тэр хаана ирж явна гэнэ?
Тэр одоо Ялалт дээр ирж явна гэнэ.

Энэ хэсгийг бас орчуул гэл үү?
Тийм ээ. Энийг ч бас орчуул гэсэн.

Энэ юу гэдэг хөгжим бэ?
Энэ монгол ардын хөгжим. Морин хуур гэдэг юм.

단원 평가

1. 밑줄 친 부분과 바꿔 쓸 수 있는 것을 고르세요.

(1) **А:** Компьютер авах гэсэн юм. Ямар компьютер зүгээр бол?

Б: Жаахан **<u>үнэтэй ч гэсэн</u>** найдвартай компьютер авсан дээр.

① үнэтэй гэсэн чинь ② үнэтэй гэж

③ үнэтэй боловч ④ үнэтэй болмогц

(2) **А:** Батаа, Чи яагаад ингэж оройтов?

Б: Их ядраад жаахан **<u>амраад авъя гэсэн чинь</u>** бүр унтаж орхиж.

① амраад авах хүртэл ② амрах гэж байгаад

③ амарна уу байна уу ④ амарсан боловч

2. 다음 글을 읽고, 글의 내용과 일치하는 것을 고르세요.

Би болзсон цагаасаа заримдаа хоцорчихдог. Өнөөдөр ч гэсэн зам бөглөрөөд гучин минут хоцорчихлоо. Дараа заавал гэрээсээ эрт гарч байя.

① Би хүмүүстэй их уулзаж болздог.

② Би болзсон газраа эрт очих дуртай.

③ Би цаашдаа болзооноосоо хоцрохгүйг хичээнэ.

④ Би дандаа болзсон цагаасаа хоцордоггүй.

몽골 문화

나담 축제

몽골의 나담 축제는 몽골의 전통적인 유목 축제이면서 몽골 민족이 하나가 되는 민족축제이다. 2010년에는 유네스코(UNESCO) 무형문화유산 목록에 등재되면서 몽골의 나담 축제는 아시아를 넘어 세계를 대표하는 축제가 되었다. 몽골의 나담 축제는 '놀다'라는 뜻의 몽골어 "наадах"에서 유래했는데, 전통적인 유목문화를 반영하는 대표적인 민속 축제였으며, 주로 여름에 치러졌다. 그러나 오늘날의 나담 축제는 1921년에 몽골에 사회주의 정부가 들어서면서 매년 7월 11일~7월 13일을 몽골의 나담 축제일로 정하게 된 이후로 하나의 국가적인 행사로서 매년 7월 11일부터 7월 13일까지 3일 동안 전국적으로 열린다.

몽골의 수도인 울란바타르에서 열리는 가장 큰 규모의 나담을 통상적으로 올싱 바야르 나담(улсын баяр наадам)이라고 하고, 몽골의 여러 지방과 시골에서 작은 규모로 별도로 열리는 나담을 후드니 나담(хөдөөний наадам)이라고 부른다. 나담 축제의 대표적인 경기는 흔히 "남자들의 세 가지 나담"(эрийн гурван наадам)이라고 부르는 말달리기(морь уралдах), 활쏘기(сур харвах), 씨름(бөх барилдах) 등이 중심이 된다. 또한 남자들의 세 가지 경기라고는 하지만 씨름을 제외하고는 오늘날 말달리기와 활쏘기는 여성들도 참여하게 된다. 그러나 최근에는 양의 복사뼈를 가지고 손가락으로 튀겨서 노는 몽골의 전통적인 민속놀이인 샤가이 하르바르(шагай харвах)도 포함하고 있다.

나담 축제 씨름 경기의 목적은 상대를 바닥에 쓰러뜨려 팔꿈치나 무릎 또는 다른 신체 부위를 바닥에 닿게 하는 것이며, 그 시점에서 상대는 시합에서 패하게 된다. 매회의 경기에서 한 번이라도 패하면 씨름꾼은 토너먼트에서 탈락한다.

나담 축제 말타기의 경우, 말 조련사는 말의 무리 사이에서 말타기를 할 말을 골라서 날마다 꼼꼼하게 주의를 기울이며 조련하고, 먹이를 조절한다. 말타기는 종마·성체·4년마·3년마·2년마·1년마 등으로 말의 연령에 따라 나뉘며, 각각 10~20k의 거리를 경주한다. 보통 6~10세의 어린이들이 경주마의 기수가 되는데, 어린 기수들은 '델(дээл, 몽골의 전통 의상)'과 모자를 비롯하여 특별한 차림을 한다.

활쏘기는 하나 수르(хана сур, 큰 활)와 하사 수르(хасаа сур, 작은 활)의 두 부문으로 나뉘어 치른다. 남성은 과녁으로부터 75m 떨어진 곳에서, 여성은 65m 떨어진 곳에서 활을 쏜다. 과녁은 '조르하이(зурхай)'라고 하며, 공 모양으로 만든 가죽을 평평한 땅바닥에 두 줄로 늘어놓는다. 남성은 40발의 화살을 쏘며, 여성은 25발의 화살을 쏜다. 과녁에 화살을 가장 많이 명중한 사람이 이긴다.

11 Зуны амралт

휴가 및 여가 시간

학습목표

1. 몽골어의 집합수사 익히기
2. 몽골어의 한계연결어미 익히기
3. 시간부사 및 월, 일, 요일과 관련된 표현 익히기

1. 몽골어의 집합수사에는 무엇이 있습니까?
2. 한계연결어미는 어떤 문법소입니까?
3. 시간부사에는 어떤 표현들이 포함됩니까?

어휘 및 표현

амралт	휴가
чөлөөт цаг	여가 시간, 자유 시간
зуны амралт	여름 방학
өвлийн амралт	겨울 방학
сарын сүүл	월말
зугаалах	여행 가다
цанаар гулгах	스키를 타다
тэшүүрээр гулгах	스케이트를 타다
баяр	축제
наадам	나담 축제
бөх барилдах	씨름하다
морь уралдах	말경주, 경마하다
нум сум харвах	화살을 쏘다
зөвшөөрөх	동의하다, 승락하다
тохирох	합의하다, 의견을 모으다
дэмий ярьж суух	놀다, 수다를 떨다
зав цаг гарах	시간을 내다
газрын зураг	지도
аялал	여행
мөнгөө цуглуулах	돈을 모으다
үүргэвчтэй аялал	배낭 여행
загсанд явах	낚시하러 가다
загасчилах	낚시를 하다
зохицуулах	조정하다
үр ашигтай	효율적으로, 유익하게

본문

Зуны амралт

Манай сургуулийн зуны амралт зургадугаар сарын сүүлээс наймдугаар сарын сүүл хүртэл болдог. Би зуны амралтаараа хөдөө явж зугаалах дуртай. Харин өвлийн амралтаараа ууланд очиж цанаар гулгах дуртай. Заримдаа тэшүүрээр гулгахаар явдаг.
Зуны амралтын үеэр монголын хамгийн том баяр “Наадам” болдог. Наадмаар би бөх барилдаж, морь уралдаж, нум сум харвахыг очиж үзэх дуртай. Зуны амралтын эхний өдөр би найздаа “Хоёулаа хамт Тэрэлж явж морь унах уу?” гэж асуув. Миний найз ч дуртай зөвшөөрөв. Бид хоёр маргааш өглөө эрт явахаар тохиров.
Орой гэртээ ирээд дүүдээ маргааш Тэрэлж рүү явна гэж хэлтэл тэр бас хамт явъя гэв. Би “Тэг, тэг. Харин дулаан хувцсаа өмсөөрэй!” гэв.

대화 1

Болд Туяа! Чи чөлөөт цагаараа юу хийдэг вэ?

Туяа Би чөлөөт цагаараа ном унших дуртай. Бас заримдаа найзуудтайгаа уулзаад дэмий ярьж суух дуртай. Харин чи?

Болд Би зав цаг гарах бүртээ газрын зураг харж аялалын нэвтрүүлэг үздэг. Дараа өвөл, зуныхаа амралтаар мөнгөө цуглуулж байгаад үүргэвчтэй аялалаар явах бодолтой байгаа.

대화 2

Болд Минсү! Чи энэ хагас сайн өдөр юу хийх вэ? Хоёулаа загсанд явах уу?

Минсү Загсанд гэнээ? Хаашаа?

Болд Ойрхон. Хэрлэн гол руу. Чи загасчилах дуртай юу?

Минсү Би ерөөсөө загас барьж үзээгүй. Хоёулаа хамт явъя.

문법설명

1. 몽골어 집합수사

(1) 수량을 나타내는 'олон, цөөн' 등의 단어, 또는 기본 수사에 어미 '-уул/-үүл'를 연결하여 몇 명이 함께 동작이나 행위를 취하는 것을 나타내는 집합수사를 만든다. 이 경우 일반재귀어미(-аа/-ээ/-оо/-өө)가 같이 쓰이는 것이 일반적이다.

олон	→	олуулаа	гурав	→	гурвуулаа
цөөн	→	цөөхүүлээ	дөрөв	→	дөрвүүлээ
хоёр	→	хоёулаа	тав	→	тавуулаа

(2) 집합수사 의문형은 'хэдүүл(ээ)'이다.

Та нар хэдүүлээ ирсэн бэ?	Бид нар гурвуулаа ирсэн
Та нар олуулаа явах уу?	Тийм ээ. Олуулаа явна.
Та нар олуулаа ирэв үү?	Үгүй. Би ганцаараа ирлээ.

2. 한계연결어미 -тал/-тэл/-тол/-төл

(1) 동사의 한계연결어미 '-тал/-тэл/-тол/-төл'는 선행절에서의 행위나 상태가 후행절에서의 행위나 상태가 일어날 때까지 계속 진행되고 있음을 나타낸다.

Би чамайг иртэл энд ингээд хүлээж байя.
Түүнийг хоол идэж дуустал хүлээж суув.
Чамайг утсаар ярьтал чинь миний сэтгэл амрахгүй шүү.

(2) 간혹 어떤 동작이나 행위가 발생할 때 또 다른 동작이나 행위가 이미 진행되고 있었음을 나타내기도 한다.

Намайг гэрээс гартал цас орж байлаа.
Цонхоор хартал гадаа хэн ч алга байв.
Түүнийг номын санд сууж байтал найз нь хайсаар хүрч ирэв.

(3) 과거의 사태나 행동에 뒤이어 일어난 상황을 이어주는 연결어미로 주로 선행절 내용이 후행절의 원인이 된다.

Тэр тухай үнэнийг хэлтэл бүгд гайхсан.
Түүнтэй уулзтал танихгүй юм шиг царайлсан.

3. 시간부사 및 월, 일, 요일 관련 표현

(1) 몽골어의 일부 시간부사는 다음과 같다.

өглөө	아침	нөгөөдрийн нөгөөдөр	글피
өдөр	낮	өчигдөр	어제
орой	저녁	уржигдар	그제
шөнө	밤	уржигдарын урд өдөр	그저께
үдээс өмнө	오전	энэ жил	올해
үдээс хойш	오후	дараа жил	내년
үүр	새벽	өнгөрсөн жил	작년
үд дунд	정오	2 жилийн өмнө	재작년
шөнө дунд	자정	энэ зун	올여름
өнөөдөр	오늘	өнгөрсөн жилийн зун	작년 여름
маргааш	내일	ирэх жилийн зун	내년 여름
нөгөөдөр	모레	өнгөрсөн зун	지난여름
нөгөөдрийн маргааш	글피		

(2) 몽골어의 월과 일에 대한 표현은 다음과 같다.

1월	Нэгдүгээр сар	7월	Долдугаар сар
2월	Хоёрдугаар сар	8월	Наймдугаар сар
3월	Гуравдугаар сар	9월	Есдүгээр сар
4월	Дөрөвдүгээр сар	10월	Аравдугаар сар
5월	Тавдугаар сар	11월	Арван нэгдүгээр сар
6월	Зургаадугаар сар	12월	Арван хоёрдугаар сар

(3) 몽골어의 요일에 대한 표현은 다음과 같다.

월요일	Нэгдэх өдөр	Даваа гараг
화요일	Хоёрдахь өдөр	Мягмар гараг
수요일	Гуравдахь өдөр	Лхагва гараг
목요일	Дөрөвдэх өдөр	Пүрэв гараг
금요일	Тавдахь өдөр	Баасан гараг
토요일	Хагас сайн	Бямба гараг
일요일	Бүтэн сайн	Ням гараг

듣기 연습

1. 다음 대화를 잘 듣고 따라서 말해 보세요.

» Та нар хэдүүлээ ирсэн бэ? ······ Бид нар гурвуулаа ирсэн.
» Та нар олуулаа явах уу? ······ Тийм ээ. Олуулаа явна.
» Та нар олуулаа ирэв үү? ······ Үгүй. Би ганцаараа ирлээ.
» Та нар цөөхүүлээ байгаа юм уу? ······ Тийм. Бид нар цөөхүүлээ байна.

2. 다음 대화를 잘 듣고 따라서 말해 보세요.

» Та хэд хүртэл байх вэ?
» Би ажил тартал байж байна.

» Энэ дэлгүүр хэд хүртэл ажилладаг юм бэ?
» Энэ дэлгүүр орой долоон цаг хүртэл ажилладаг.

» Чи намайг иртэл хүлээж байгаарай!
» За, мэдлээ. Би таныг иртэл хүлээж байя.

3. 다음 대화를 잘 듣고 따라서 말해 보세요.

» Өнөөдөр ямар гараг вэ?
» Өнөөдөр Баасан гараг.

» Өнөөдөр хэддэх өдөр вэ?
» Өнөөдөр нэгдэх өдөр.

» Өнөөдөр хэдэн бэ?
» Өнөөдөр хорин зургаан.
» Өнөөдөр долоон сарын хорин зургаан.
» Өнөөдөр долдугаар сарын хорин зургаан.
» Өнөөдөр долдугаар сарын хорин зургааны өдөр.

읽기 연습

1. 다음 문형을 집합수사에 유의하여 차례대로 읽어 보세요.

Та нар Тэд нар	хэдүүлээ	ирсэн явсан цугларсан орой хамт суусан хоолонд орсон аялалаар явсан машинтай явсан	бэ?

Бид нар Тэд нар	олуулаа цөөхүүлээ хоёулаа гурвуулаа тавуулаа арвуулаа	ирсэн. явсан. цугларсан. орой хамт суусан. хоолонд орсон. аялалаар явсан. машинтай явсан.

2. 다음 문형을 시간 표현에 유의하여 읽어 보세요.

Би	чамайг таныг түүнийг	хэд хэдэн цаг	хүртэл болтол	хүлээх вэ? хүлээж байх вэ?
Чи	намайг түүнийг	нэг хагас хоёр зургаан цаг орой	хүртэл болтол	хүлээгээрэй. хүлээж байгаарай. хүлээ.

Би	чамайг таныг түүнийг	орой болтол ажил тартал 6 цаг хүртэл ээжийг иртэл Болдыг явтал	хүлээнэ. хүлээж байя. хүлээх болно.

3. 다음 문형을 요일 표현에 유의하여 차례대로 읽어 보세요.

Чи Та Та нар	өнөөдөр маргааш нөгөөдөр үдээс хойш нэгдэх өдөр хагас бүтэн сайнд	юу хийх вэ?
Би Бид нар	өнөөдөр маргааш нөгөөдөр үдээс хойш нэгдэх өдөр хагас бүтэн сайнд	цанаар гулгахаар явна. наадам үзнэ. гэртээ амарна. Тэрэлжид морь унахаар явна. хичээл номоо давтана.

추가 어휘

амрах	쉬다
бололцоо	가능성, 여유
бүтэн сайн	일요일
ганцаараа	혼자
гаргах	나가게 하다, 내보내다
зав цаг	시가, 여유
зав чөлөө	시간, 자유시간
завгүй	시간이 없다
зохицуулах	조절하다
соёл	문화
сонирхох	흥미를 느끼다, 흥미롭다
хагас бүтэн сайн	주말
хагас сайн	토요일
чадвар	능력
чөлөө	여유
чөлөөт цаг	자유시간
чухал	중요한

쓰기 연습

1. <보기>와 같이 다음 질문에 대답해 보세요.

보기

А: Та нэр хэдүүлээ ирсэн бэ?

Б: Бид нар гурвуулаа ирлээ.

(1) **А:** Танай гэр бүл хэдүүлээ вэ?

Б: ______________________

(2) **А:** Та нар солонгосоос олуулаа ирсэн үү?

Б: ______________________

(3) **А:** Энэ ажлыг та нар цөөхүүлээ хийж чадах уу?

Б: ______________________

(4) **А:** Танай ангийнхан хэдүүлээ хамт сурдаг вэ?

Б: ______________________

(5) **А:** Чи ганцаараа ирэв үү?

Б: ______________________

2. <보기>와 같이 주어진 문장들을 한계연결어미 '-тал4'로 연결하여 문장을 완성해 보세요.

보기

Би түүнтэй уулзсан. Тэр танихгүй царайлсан.

➡ Би түүнтэй уулзтал танихгүй царайлсан.

(1) Болд ирнэ. Энд хүлээе.

→ ______________________

(2) Оройн хоолны цаг болсон. Би гэртээ даалгавраа хийсэн.

→ ______________________

(3) 3 цаг болсон. Би унтаж чадсангүй.

→ ______________________

(4) Зуны амралт болно. Би ямар ч завгүй.

→ ______________________

(5) Би түүнд энэ тухай хэлсэн. Тэр их гайхсан.

→ ______________________

3. <보기>와 같이 다음 질문에 대답해 보세요.

보기

2020 05 | MAY

Sun	Mon	Tue	Wed	Thu	Fri	Sat
					1	2
3	4	5	6	7	8	9
10	11	12	13	**14**	15	16
17	18	19	20	21	22	23
24	25	26	27	28	29	30
31						

А: Өнөөдөр хэдэн сарын хэдэн бэ?

Б: Өнөөдөр таван сарын арван дөрвөн.

(1)

2020 10 | OCTOBER

Sun	Mon	Tue	Wed	Thu	Fri	Sat
				1	2	3
4	5	6	7	8	9	10
11	12	13	14	15	16	17
18	19	20	21	22	23	24
25	26	27	28	29	30	31

А: Өнөөдөр хэдэн сарын хэдний өдөр вэ?

Б: ______________________________

(2)

2020 11 | NOVEMBER

Sun	Mon	Tue	Wed	Thu	Fri	Sat
1	2	3	4	5	6	7
8	9	10	11	12	13	14
15	16	17	18	19	20	21
22	**23**	24	25	26	27	28
29	30					

А: Өнөөдөр ямар гараг вэ?

Б: ______________________________

(3)

2020 9 | SEPTEMBER

Sun	Mon	Tue	Wed	Thu	Fri	Sat
		1	2	3	4	5
6	7	8	9	10	11	12
13	14	15	16	17	18	19
20	21	22	23	24	**25**	26
27	28	29	30			

А: Өнөөдөр хэдэн сарын хэдэн бэ?

Б: ______________________________

(4)

2020 4 | APRIL

Sun	Mon	Tue	Wed	Thu	Fri	Sat
			1	2	3	4
5	6	7	8	9	10	11
12	13	14	15	16	17	18
19	20	21	22	23	24	25
26	27	28	29	30		

А: Энэ хэдэн сар вэ?

Б: ______________________________

(5)

2020 05 | MAY

Sun	Mon	Tue	Wed	Thu	Fri	Sat
					1	2
3	4	5	6	7	8	9
10	11	12	13	14	15	16
17	18	19	20	21	22	23
24	25	26	27	28	29	30
31						

А: Өнөөдөр хэддэх өдөр вэ?

Б: ______________________________

말하기 연습

1. 다음 대화를 읽고 문장 구조에 대해 친구들과 함께 학습해 보세요.

(1) Чи өвлийн амралтаараа юу хийж өнгөрөөдөг вэ?
Би өвлийн амралтаараа цанын бааз дээр очиж цанаар гулгадаг.
Зуны амралтаараа?
Харин зуны амралтаараа ихэвчлэн хөдөө явдаг. Би аялах дуртай.

(2) Чи чөлөөт цагаа яаж өнгөрүүлдэг вэ?
Би ууланд явах дуртай. Харин чи?
Би ихэвчлэн гэртээ зурагт харж өнгөрөөдөг. Төрөл бүрийн хөгжөөнт нэвтрүүлэг үзэх дуртай. Харин сүүлийн үед ютүб их үздэг болсон. Би ч бас ютүб нэвтрүүлэг хиймээр байна.

(3) Өнөөдөр хэддэх өдөр билээ?
Өнөөдөр тавдахь өдөр шүү дээ.
Өө. Би хүнтэй уулзана гээд хэлчихсэн юм байна шүү дээ. Би гялс гарчихаад ирье. Чи хэзээ ирэх вэ?
Би орой найман цаг гээд ирнэ. Чи намайг иртэл хүлээж байгаарай.

(4) Чи хэдүүлээ ирэв?
Би найзтайгаа хоёулаа ирлээ. Чи ганцаараа байна уу?
Тийм ээ. Би ганцаараа байна.

(5) Чи ойрд яасан завгүй байх юм?
Харин тийм ээ. Ажил ихтэй байна.
Хичнээн ажил ихтэй ч байлаа гэсэн ажил амралтаа зохицуулах хэрэгтэй шүү дээ.
Харин тийм. Энэ ажлаа дуусгачихаад жаахан амрах санаатай байна.
Тэгвэл би дараагийн нэгдэх өдөр чамтай уулзъя. Тэгээд чөлөөт цагаа яаж үр ашигтай өнгөрөөх тухай зааж өгье.
Тэгээрэй. Ёстой баярлалаа!

단원 평가

1. 다음 글을 읽고, 글의 내용과 일치하는 것을 고르세요.

(1)

Өнгөрсөн хагас бүтэн сайнд найзтайгаа хамт Үндэсний музейд очлоо. Хүмүүс үнэхээр их байв. Музейн үзмэртэй танилцахын зэрэгцээ үндэсний хувцас ч бас өмсөж үзлээ.

① Ганцаараа музей үзэхээр явсан.
② Хагас бүтэн сайнд болзоо байхгүй байлаа.
③ Музей хүнгүй хоосон байв.
④ Хагас бүтэн сайнд музей үзлээ.

(2)

Өглөө метронд суулаа. Метронд хүмүүс ихтэй байв. Хүмүүс сонин уншиж, хөгжим сонсоно. Би монгол хэлнийхээ номыг уншлаа.

① Метронд хүмүүс ном уншиж байна.
② Метронд хүмүүс их суусан байв.
③ Би метронд сонин уншлаа.
④ Би метронд хөгжим сонсдог.

(3)

Өнөөдөр миний гэдэс өвдсөн. Тэгээд эм уугаад гэртээ хэвтэж амартал харин зүгээр болсон. Тиймээс би маргааш сургуульдаа явна.

① Маргааш манай сургууль амарна.
② Маргааш би эм авч ууна.
③ Өнөөдөр би сургуульдаа яваагүй.
④ Өглөө миний бие өвдөөгүй.

몽골 문화

전통 의상

몽골의 전통 의상은 기후조건에 의해 많은 것이 조건화되었다. 몽골은 겨울이 매우 춥고 길기 때문에 특별히 추위를 막을 수 있는 옷의 형태가 발달했다. 몽골 델의 소매가 긴 것도 추위를 막기 위한 한 방편에서 생겨났다고 볼 수 있다. 옷의 재료도 추위를 막을 수 있는 것을 선호했다. 몽골 전통 의상의 특징 중 하나는 옷의 길이를 길게 하여 추운 날씨를 견디는 데 도움을 줄 뿐만 아니라, 굽은 다리나 상처 등의 신체적 결점을 감추어 준다는 점이다. 이처럼 몽골인들이 남녀 구분을 두지 않고 일반적으로 입는 몽골의 전통 의상을 델(дээл) 이라고 부른다.

델은 여름용과 겨울용으로 나뉘며, 현재까지도 몽골인들은 델을 주로 공연이나 나담 축제 같은 큰 행사에서 즐겨 입는다. 델의 가장 큰 특징은 영하 40도의 매서운 추위에 잘 견딜 수 있도록 소매가 길다는 점이다. 옷을 입으면 소매가 손 밖으로 길게 나와 있어서 겨울에 말을 타고 이동할 때 손을 따뜻하게 할 수 있기 때문이다. 델에서 허리띠와 모자는 매우 중요하며 반드시 착용해야 한다. 허리띠는 헐렁한 옷을 여미어 보온성을 높여주고 칼이나 장신구, 코담배 등을 착용하는 주머니 역할을 한다. 몽골어에서 부스구이(бүсгүй: 허리띠가 없는)는 혼인하지 않은 아가씨를 뜻한다.

또한 예전부터 몽골 사람들은 모자를 쓰지 않으면 옷을 제대로 갖추어 입지 않았다고 생각했다. 모자 부분에서는 주로 남성들은 각 부족 델의 특성에 맞는 모자를 쓰고 여성들은 화려한 장신구를 했다. 몽골은 20개가 넘는 부족으로 이루어진 다민족 국가이다 보니 지역마다 의상의 디자인이 다양하다. 기본적인 델의 형태는 유사하지만, 여러 부족으로 나뉜 몽골 사람들은 각각 델의 색깔, 재단, 장식을 통해 자기 부족의 특징을 보여주었다. 이처럼 각 부족들의 모습은 옷에서부터 차이가 있기 때문에 과거에는 옷만으로도 그 사람의 부족이 어디인지 알아볼 수 있었다. 이러한 전통은 1930년대까지 이어졌으며, 오늘날 다양한 델 의상에서 그 흔적을 찾아볼 수 있다.

MEMO

12 Нийтийн тээвэр
대중교통

학습목표

1. 교통과 관련된 표현 및 정보 익히기
2. 몽골어의 조건연결어미 익히기
3. 강조첨사 'ч'의 용법 익히기

1. 몽골어의 방향 관련 어휘 및 표현에는 무엇이 있습니까?
2. 조건연결어미는 어떤 문법소입니까?
3. 몽골어의 강조첨사에는 무엇이 있습니까?

어휘 및 표현

баруун гар тийшээ	오른쪽으로
Бямба гараг	토요일
гадаад оюутны байр	외국인 기숙사
дүүрэн	가득하다, 차다
зүүн гар тийшээ	왼손 쪽으로, 왼쪽으로
МУИС	몽골국립대학교(약자)
Мягмар гараг	화요일
одоохон	금방, 곧

본문

Нийтийн тээвэр

Би өглөө эрт сургууль руугаа автобусаар явдаг. Өглөө бүр автобус дүүрэн хүнтэй байдаг. Учир нь энэ цагт зарим нь ажилдаа, зарим нь сургуульдаа явдаг юм.

Нэг өдөр би автобусанд явж байгаад өөрийн эрхгүй замаасаа буулаа. Яагаад гэвэл, хэтэрхий их хүнтэй байсан тул амьсгал авах ч арга байсангүй. Тиймээс би замдаа буусан юм. Тэгээд би дараагийн автобусанд суух уу гэж бодож байгаад цаг байхгүй байсан учраас таксигаар явахаар шийдлээ.

대화 1

Минсү Надад такси дуудаж өгөхгүй юу?

Туяа За, одоохон. ... Та түр хүлээгээрэй. 3 (гурван) минутын дараа такси ирнэ гэж байна

대화 2

Жолооч Сайн байна уу? Та хаа хүрэх вэ?

Болд МУИС-ийн гадаад оюутны байр оръё.

Жолооч Уучлаарай, би хаана байдгийг нь мэдэхгүй тул зааж өгөөрэй.

Болд Тэгвэл ямар ч гэсэн эхлээд хуучин цирк рүү яваарай.

대화 3

Жолооч Бид нар хуучин цирк дээр хүрээд ирчихлээ.

Болд За одоо эндээс баруун гар тийшээ эргээд чигээрээ яваарай. Одоо зүүн гар тийшээ эргээрэй. Чигээрээ яваад тэр хашааны өмнө зогсоорой. Хэд гарч байна?

Жолооч 1,200(мянга хоёр зуун) төгрөг гарч байна.

Болд Та эндээ намайг хүлээж байхгүй юу? Би хэдхэн минутын дараа буцаад ирнэ.

Жолооч Тэгье тэгье.

문법설명

1. 조건연결어미 -бал/-бэл/-бол/-бөл/-вал/-вэл/-вол/-вөл

조건이나 가정의 뜻을 나타내는 어미로 사용된다. 이 어미의 용법을 다음과 같이 정리할 수 있다.

(1) 일반적으로 분명한 사실을 어떤 일에 대한 조건으로 말하거나, 뒤의 사실이 실현되기 위한 단순한 근거나 수시로 반복되는 상황에 대한 조건을 말할 때 쓴다.

Ажил хийвэл ам тосдоно.
Ажил эхэлбэл дуусгах хэрэгтэй.

(2) 불확실하거나 아직 이루어지지 아니한 사실을 가정할 때 쓴다. 이 경우 'хэрэв'와 자유롭게 어울린다.

Хэд хоновол зүгээр болох байх.
Хэрвээ тэр ирвэл надад хэлээрэй.

(3) 뒤의 내용에 대한 근거가 됨을 나타낸다.

Энэ бүхнийг харвал тэр анхнаасаа тэгж бодож байжээ.
Жишээлбэл монгол хүмүүс халуун ногоотой хоол сайн идэж чаддаггүй.
Царайг нь харвал их айсан юм шиг байна.

(4) 과거에는 'бол-'라는 동사의 어간에 조건, 가정의 의미를 갖는 어미 'бол'를 연결한 형태를 주로 사용하였지만 근래에는 축약된 'бол' 형태만이 사용되고 있다. 일부의 경우에 과거에 사용하였던 'болбол' 형태를 사용하기도 한다. 한편 위의 'бол' 형태는 다음과 같이 과거시제종결어미인 '-сан^4'과 부정어인 '-гүй' 등과 함께 어울려 쓰이는 경우도 많다.

Чамайг явахгүй бол би түрүүлээд явъя даа.
Чи жаахан эрт ирсэн бол сайн байлаа.

(5) '-сан^4 бол'은 이미 일어난 과거의 일과 반대되는 내용, 현재 사실과 반대되는 상황을 가정할 때 쓴다. 또는 '-сансан^4 бол' 형식으로도 쓰일 때도 많은데 이 경우 현실이 그렇게 되기를 희망하거나 그렇지 않음을 애석해하는 뜻을 더해 준다.

Мөнгөтэй байсансан бол үүнийг авах байлаа.
Эрт ирсэнсэн бол ингэж харамсахгүй байлаа.

(6)

자음 '**л, м, в**'으로 끝난 단어에 연결한다.	-бал/-бэл/-бол/-бөл	яв- бол- ав- хөдөл-	→ → → →	явбал болбол авбал хөдөлбөл
'**л, м, в**' 이외의 자음 또는 모음으로 끝난 단어 뒤에 연결한다.	-вал/-вэл/-вол/-вөл	сур- оч- асуу- өг-	→ → → →	сурвал очвол асуувал өгвөл

2. 몽골어 첨사 ч

첨사 'ч'는 일반적으로 여러 가지 사태를 나열하거나 어떤 대상이나 사태에 더함을 나타내지만 경우에 따라 다음과 같은 여러 가지 의미를 나타낸다.

(1) 어떤 대상이나 사태에 포함하거나 더함을 나타낸다.

Зар мэдээг интернэтээс ч үзэж болно.
Манай найз нар бүгд хөдөө явчихсан. Би ч бас явмаар байна.
Тэр өөрийнхөө хоолыг идчихээд минийхийг ч бас идчихсэн.

(2) 주로 '명사1 ч 명사2 ч' 구성으로 쓰여 둘 이상의 대상이나 사태를 나열할 때 쓴다

Хөвсгөл явна гэвэл цаг ч их орно, мөнгө ч их орно.
Өөх ч биш, булчирхай ч биш

(3) 기대에 미치지 못하지만 그 상황을 받아들이거나 다른 것으로 대체함을 나타낸다.

Ундаа байхгүй бол ус ч яахав.
Ирж чадахгүй бол утсаар ч болтугай яриарай.

(4) 정도를 나타내는 말에 붙어 그 정도가 기대한 것보다 많거나 적음을 나타낸다.

Энэ шалгалтанд ганц ч хүн тэнцсэнгүй.
Сургууль хүртэл нэг километр ч хүрэхгүй.
Энэ мөнгөөр бол гурван ч ном авч хүрнэ.

(5) 일부 관형사나 부사어에 붙어 강조의 뜻을 나타낸다.

Өнөөдөр их ч ажил амжууллаа.
Нэг жил хурдан ч өнгөрөх юм даа.
Санасныг бодвол тэр хурдан ч ирлээ.

(6) 놀라움, 감탄, 실망 등의 감정을 강조할 때 쓴다.

Манай ажил мөн ч сайхан бүтлээ шүү.
Мэргэжилтэн ч гэж дээ, чааваас.
Чи ч мөн таарч дээ.

(7) 주로 'хэн, юу, хэзээ, хаана, аль' 등의 말에 붙어 어떤 경우라도 마찬가지임을 나타낸다. 이 경우 흔히 부정의 뜻을 가진 서술어와 호응한다.

Одоохондоо хэн ч ирээгүй байна.
Түүнд юу ч битгий хэлээрэй.
Тэр хаана ч алга байна.

(8) 'ч гэсэн, -ч бас' 표현은 보다 친숙하고 일상적인 상황에서 자주 쓰이며 앞의 (1)과 같은 의미 기능을 나타낸다.

Зар мэдээг интернэтээс ч үзэж болно.
Зар мэдээг интернэтээс ч гэсэн үзэж болно.
Би ч гэсэн одоо ингээд явлаа.

3. 나열, 선택의 의미연결사 юм уу

(1) <명사1 юм уу, 명사2>의 구성으로 쓰여 둘 중 어느 하나를 선택함을 나타낸다.

Би өдөрт 5 цаг юм уу, 6 цаг унтдаг.
Өглөө босоод би талх юм уу, өндөг иддэг.

(2) <동사 + -х юм уу, 동사>의 구성으로 쓰이는 경우 앞의 것이나 뒤의 것 중에서 하나를 선택함을 나타낸다.

Хичээлээ тараад найзтайгаа уулзахаар явах юм уу, номын сан ордог.
Би орой гэртээ ном унших юм уу, телевиз үздэг.

(3) <동사1 + -х юм уу 동사1 + -хгүй юм уу>, <동사1 + -сан^{4} юм уу 동사1 + аагүй юм уу>, <동사1 + -даг^{4} юм уу 동사1 + -даггүй^{4} юм уу> 등의 구성으로 쓰여 추측의 의미를 나타낸다. 이때 뒤에 동사 'мэдэхгүй'와 어울려 쓰이는 것이 보통이다.

Тэр ирэх юм уу, ирэхгүй юм уу мэдэхгүй.
Монголоор сайн ярьж чаддаг юм уу, чаддаггүй юм уу мэдэхгүй.

듣기 연습

1. 다음 문장을 잘 듣고 따라서 말해 보세요.

» Чи үүнийг идмээр байвал идээрэй.
» Та таксигаар явмаар байвал таксинд сууя.
» Тэр даалгавраа хийгээгүй байвал яанаа!

» Чамайг ирвэл би амттай хоол хийж өгье.
» Таныг явбал би гаргаж өгье.
» Түүнийг ирвэл хэдүүлээ хамтдаа гаръя.

2. 다음 문장을 잘 듣고 따라서 말해 보세요.

» Явсан ч яахав. .... Явбал явсан ч яахав.
» Хэлсэн ч яахав. .... Хэлвэл хэлсэн ч яахав.
» Яасан ч яахав .... Яавал яасан ч яахав.
» Гарсан ч яахав. .... Гарвал гарсан ч яахав.
» Үзсэн ч яахав. .... Үзвэл үзсэн ч яахав.

» Хэн ч ирээгүй байна.
» Хэн ч хийгээгүй байна.
» Юу ч мэдэхгүй байна.
» Юу ч сонсогдохгүй байна.
» Хаана ч алга байна.
» Хаана ч байхгүй байна.
» Ямар ч хүн алга.
» Ямар ч зүйл мэдэхгүй.

3. 다음 문장을 잘 듣고 따라서 말해 보세요.

» Цай юм уу кофе байна уу?
» Чихэр юм уу жигнэмэг байвал хамт идье.
» Хоёулаа гарч кино үзэх юм уу аль эсвэл нэг газар жаахан сууя.
» Тэр мэддэг юм уу мэддэггүй юм уу би сайн мэдэхгүй.
» Тэр ирэх юм уу ирэхгүй юм уу сайн мэдэхгүй байна.

읽기 연습

1. 다음 문형을 조건, 가정의 연결어미에 유의하여 차례대로 읽어 보세요.

<table>
<tr><td rowspan="2">Чамайг
Таныг
Та нарыг
Түүнийг
Тэд нарыг</td><td rowspan="2">маргааш
орой
өнөөдөр орой
ирэх сард</td><td>ирвэл</td><td rowspan="2">гоё юм хэлье.
хоол хийж өгье.
ярих юм байна.
хамт жаахан суугцгаая.
үзүүлье.</td></tr>
<tr><td>ирэхгүй бол</td></tr>
</table>

<table>
<tr><td rowspan="2">Чамайг
Таныг
Та нарыг
Түүнийг
Тэд нарыг</td><td rowspan="2">маргааш
нөгөөдөр
орой
өнөөдөр орой
ирэх сард</td><td>манайд ирвэл
хичээлээ хийвэл
захиа бичвэл
аялалд явбал
зав гарвал</td><td rowspan="2">гоё юм хэлье.
хоол хийж өгье.
эргээд холбоо барья.
хамт явъя.
хамт жаахан суугцгаая.
үзүүлье.</td></tr>
<tr><td>манайд ирэхгүй бол
хичээлээ хийхгүй бол
захиа бичихгүй бол
аялалд явахгүй бол
зав гарахгүй бол</td></tr>
</table>

<table>
<tr><td rowspan="2">Чи
Та
Та нар
Тэр
Тэд нар</td><td>ирсэн
мэдсэн
хийсэн
явсан
уншсан
цээжилсэн</td><td rowspan="2">бол</td><td rowspan="2">сайн байх байсан.
зүгээр байсан сан.
яанаа!</td></tr>
<tr><td>ирээргүй
мэдээгүй
хийгээгүй
яваагүй
уншаагүй
цээжлээгүй</td></tr>
</table>

<table>
<tr><td rowspan="2">Чи
Та</td><td>унтмаар
харимаар
явмаар
босмоор
юм идмээр
юм уумаар</td><td rowspan="2">байвал</td><td>унт унт.
харь харь.
яв яв.
бос бос.
ид ид.
уу уу.</td></tr>
<tr><td>унтмааргүй
харимааргүй
явмааргүй
босмооргүй
юм идмээргүй
юм уумааргүй</td><td>боль боль.
бай бай.</td></tr>
</table>

2. 다음 문형을 읽어 보세요.

<table>
<tr><td>Би
Бид нар</td><td>юу болсныг
хэн ирснийг
бороо орсныг
чамайг ирснийг
зун болсныг</td><td>ч</td><td>мэдээгүй.
анзаараагүй.</td></tr>
</table>

<table>
<tr><td>Яасан
Тэгсэн
Явсан
Уулзсан
Хэлсэн
Үзүүлсэн
Авсан</td><td>ч</td><td>яахав.</td></tr>
</table>

<table>
<tr><td>Хэн
Юу
Ямар
Хаана
Яаж</td><td>ч</td><td>ирээгүй.
мэдээгүй.
хамаагүй.
байхгүй.
болохгүй.
чадахгүй.
боломжгүй.</td></tr>
</table>

3. 다음 문형을 읽어 보세요.

Би Бид нар	талх хичээлээ хийх гэртээ амрах юм ярьж суух биеийн тамираар хичээллэх	юм уу	өндөг иднэ. телевиз үздэг. салхинд гарна. хамт кино үздэг. ууланд гарахаар явдаг.

Чи Та Та нар Тэр Тэд нар	явах харих хийх үзэх болох унтах идэх	юм уу	явахгүй харихгүй хийхгүй үзэхгүй болохгүй унтахгүй идэхгүй	юм уу	мэдэхгүй.

추가 어휘

бичиг баримт	서류
бичүүлэх	쓰게 하다
вагон	열차, 기차
вагоны билет	기차표
дуудах	부르다
дуусгах	끝내다
дүүрэн	가득하다, 차다
купе	쿠페, 침대 칸
метро	지하철
тролейбус	트롤리버스
нийтийн вагон	공동 기차칸
нийтийн тээвэр	대중교통
нислэг	비행
нэг тал	한쪽, 편도
оройхон	늦게, 늦은 시간에
суудал	자리, 의자
хэтэрхий	지나치게
шийдэх	결정하다, 정하다
эсвэл	혹은

쓰기 연습

1. <보기>와 같이 강조첨사 'ч'과 괄호 안의 표현을 이용하여 온전한 문장을 만들어 보세요.

보기
Цас орох ______________. (би дулаан хувцсаа өмсөнө)
➡ Цас орвол би дулаан хувцсаа өмсөнө.

(1) Монгол хэл сурах ______________. (сагсан бөмбөг)

→ ______________

(2) Би өвдөх ______________. (эмчид үзүүлнэ)

→ ______________

(3) Би орой өлсөх ______________. (хоол хийж иднэ)

→ ______________

(4) Хагас сайнд найзтайгаа уулзах ______________. (энэ тухай хэлнэ)

→ ______________

(5) Даалгавраа хийж дуусах ______________. (гадагшаа гарна)

→ ______________

2. <보기>와 같이 강조첨사 'ч'과 괄호 안의 표현을 이용하여 온전한 문장을 만들어 보세요.

보기

Би оюутан. (миний найз)

→ Би оюутан. Миний найз ч оюутан.

(1) Миний ах хөл бөмбөг сайн тоглодог. (сагсан бөмбөг)

→ ______________________________

(2) Болдод ах байхгүй. (дүү)

→ ______________________________

(3) Энэ газар ажлын өдөр ч хүмүүс ихтэй байдаг. (амралтын өдөр)

→ ______________________________

(4) Энэ уул өндөр ч юм. (үзэсгэлэнтэй)

→ ______________________________

(5) Өнөө орой манайд солонгос найз нар ирнэ. (монгол найз)

→ ______________________________

3. <보기>와 같이 'юм уу'과 괄호 안의 표현을 이용하여 질문에 대답해 보세요.

보기

А: Та ямар цай уух вэ? (кофе, байхуу цай)

Б: Кофе юм уу, байхуу цай уух.

(1) **А:** Хоёулаа хаана уулзах вэ? (сургууль, номын сан)

Б: ______________________________

(2) **А:** Ямар улс руу явж үзмээр байна вэ? (Монгол, Орос)

Б: ______________________________

(3) **А:** Ямар хоолонд дуртай вэ? (загастай хоол, махтай хоол)

Б: ______________________________

(4) **А:** Сургуульдаа юугаар явдаг вэ? (автобусаар, метрогоор)

Б: ______________________________

(5) **А:** Ямар жимс авчирах вэ? (алим, банана)

Б: ______________________________

4. <보기>와 같이 'юм уу'를 이용하여 다음 두 문장을 하나의 문장으로 만들어 보세요.

보기

Гэртээ хөгжим сонсдог. Ном уншдаг.

➡ Гэртээ хөгжим сонсох юм уу, ном уншдаг.

(1) Найз руугаа мэйл бичдэг. Утсаар ярьдаг.

→ ______________________

(2) Хамт кино үздэг. Дэлгүүрээр явдаг.

→ ______________________

(3) Амралтын өдөр хувцасаа угаадаг. Гэрээ цэвэрлэдэг.

→ ______________________

(4) Түүнд атаархдаггүй. Муу санадаггүй.

→ ______________________

(5) Чи ирэх үү? Би очих уу?

→ ______________________

말하기 연습

1. 다음 대화를 읽고 문장 구조 및 어휘의 형태소에 대해 친구들과 함께 학습해 보세요.

(1 Та юугаар ирэв?
Зүгээр алхаж ирлээ. Харин чи юугаар ирэв?
Би таксигаар ирлээ.
Автобусаар ирэхгүй яасан юм бэ? Мөнгө их гарч байгаа биз дээ?

(2) Байгаль нуур явъя гэвэл яаж явах вэ?
Олон улсын вагоноор явж болно.
Вагон үнэтэй юу?
Гайгүй ээ. Бас машинаар ч явж болно. Орос руу явдаг машин их байдаг юм.

(3) Би маргааш Дархан явлаа.
Юугаар явах гэж байгаа юм.
Орон нутгийн галт тэргээр явна. Хамт явах уу?
Завтай байсан бол хамт явмаар л байна. Даанч зав байхгүй.
За тэгвэл дараа завтай болохоор чинь заавал хамт явна шүү.

(4) Чи билетээ захиалсан уу?
Захиалсан. Дараа сарын нэгний суудал захиалсан.
Хоёр талаар нь захиалсан уу?
Үгүй. Нэг талаар нь захиалсан.

(5) Улаанбаатар хот метротой юу?
Байхгүй. Улаанбаатар хотод метро байхгүй.

Энэ юу вэ?
Тролейбус. Цахилгаанаар явдаг автобус гэж ойлгож болно.

Чи машинтай юу?
Би машин байхгүй.
Хөдөө ямар машинаар явах вэ?
Машин хөлслөөд явнаа.

단원 평가

1. 다음 빈칸에 알맞은 것을 골라 대화를 완성하세요.

(1) **А:** Өнөөдөр яагаад ингэж хоцров?

Б: Автобусанд суугаад ________ унтчихсан байна. Өнгөрөөд явчихаж.

① ирмээр байсан ч　② ирэхээр болсон

③ ирж байгаад　④ ирж байвал

(2) **А:** Цамц чинь яагаад хар болчихоо вэ?

Б: Хамт явж байсан хүн миний гарыг ________ кофегоо асгачихлаа.

① цохиод　② цохивол

③ цохимогц　④ цохимоор л байна

(3) **А:** Хөдөө сайн яваад ирэв үү?

Б: Ажил ихтэй амсхийх ________ зав гарсангүй.

① ч гэсэн　② болохоор

③ ч　④ учраас

(4) **А:** Өрөөгөө сайхан цэвэрлэлээ.

Б: Сайн байна. Дандаа ингэж ________ сайн сан.

① цэвэрлээд　② цэвэрлэж байвч

③ цэвэрлэж байтал　④ цэвэрлэж байвал

(5) **А:** Энэ удаагийн шалгалтанд Болд онц авсан гэж байна.

Б: Тийм үү. Хичээлээ тэгж сайн ________ онц авалгүй яахав.

① хийвэл　② хийтэл

③ хийхгүй　④ хийвч

몽골 문화

화폐

몽골 투그릭(MNT)은 몽골의 통화이다. ISO 4217 코드는 MNT이며, 기호는 이다. 몽골은 오랫동안 사회주의국가로 남아있었기에, 몽골의 화폐에서는 개혁을 해야 할 정도로 큰 변화는 나타나지 않았다. 하지만 소련 붕괴와 함께 1992년 사회주의를 버리고 자본주의를 채택하면서, 상당한 인플레이션이 발생하면서 화폐 단위가 크게 커졌다. 몽골 화폐의 시대별 구분은 크게 몽골인민공화국시절(1기)과 현대몽골(2기)의 2가지로 구분될 수 있다.

사회주의 체제였던 몽골인민공화국 시절인 1기 당시에는 몽골 화폐가 1925년 소련 루블을 대체하여 1:1의 비율로 도입되었다. 당시는 은 18g을 1투그릭으로 설정했기 때문에, 몽골 투그릭은 은본위제 화폐라 할 수 있었다. 그러나 1928년 몽골의 정식 법정화폐가 된 뒤에 이러한 은본위제는 폐지되었다. 당시 몽골의 투그릭은 연도가 몽골력으로 표기되어 있는 유일한 시리즈이다(몽골력 15년). 또한 당시 몽골 투그릭화는 소련의 화폐였던 루블을 대체하기 위한 통화였기에 시스템을 그대로 이어받아 지폐와 동전을 포함하여 8가지 종류로 동일하게 출시되었다.

1기 2차의 몽골 화폐는 1937년, 즉 몽골력 27년에 동전부터 도입되었다. 전반적으로 기존 동전과 동일하지만, 성분을 바꾸어 중액권을 백동으로, 저액권을 알루미늄과 청동을 사용하였다. 이 시리즈부터는 더 이상 은과 관련되지 않게 되었다는 점에서, 최초의 현대 화폐로 볼 수 있다. 지폐는 2년 후인 1939년, 몽골력 29년에 도입되었는데, 몽골의 독립 영웅인 담딘 수흐바타르가 그려진 첫 지폐이기도 하다. 1941년, 즉 몽골력 31년에는 소욤보에서 몽골인민공화국의 국장으로 문양이 바뀌었다. (동전은 4년 후에 바뀌었다.) 그리고 25투그릭이 자색에서 갈색으로 바뀌었다.

1기 3차의 몽골 화폐는 1955년에 도입되었다. 이때부터 몽골력을 사용하지 않게 되었다. 25투그릭이 앞은 파랑, 뒤는 갈색으로 바뀌었다는 점이 그나마 눈에 띄는 변화였다. 동전은 4년 후인 1959년에 교체되었다. 모두 무게가 가벼운 알루미늄으로 바뀐 것이 특징이다. 그리고 여기까지 발행된 지폐와 동전, 모두 4차 시리즈가 등장하면서 전량 폐기 및 사용이 금지되었다.

1기 4차의 몽골화폐는 1966년에 도입되었다. 전면적으로 체계를 바꾸었음과 동시에, 몽골인민공화국의 마지막 화폐 시리즈이다. 동전은 4년 후인 1970년에 발행되었다. 이 시리즈의 고액권은 사상 처음으로 그림 도안이 들어가게 된 시리즈이기도 하다. 1981년에 개정판을 내놓았는데, 사실상 색깔만 차이가 날 뿐이다. 하지만 25투그릭이 없어지고 20투그릭(산업 관련 도안)이 새로 생겼다. 그리고 1993년, 몽골이 체제를 전환하고 자본주의를 도입하면서 한 번 더 큰 개혁을 시도하였다.

2기 몽골화폐는 1993년에 처음 도입되었고, 2000년부터 2003년에 걸쳐 개정판 및 고액권을 내놓았다. 단, 20,000투그릭은 2006년에 처음 발행되었다. 이 중에서 실제로 쓰이는 것은 10투그릭까지이며, 5투그릭과 1투그릭은 거의 쓰이지 않는다. 동전은 1년 후인 1994년에 등장하였다.

MEMO

부록

어휘 목록 231

정답 242

어휘 목록

단어	뜻	비고
аав	아버지	A1 - 2과
авах	받다, 가지다, 사다	A1 - 4과
автобус	버스	A1 - 5과
автобусны буудал	정류장	A1 - 8과
адилхан	꽤 같은, 동일한	A1 - 9과
ажил	일, 작업	A1 - 6과
ази	아시아	A1 - 7과
айл	가정	A1 - 10과
алга	없다	A1 - 3과
алдах	잃다, 놓치다	A1 - 11과
алхах	걷다, 걸어가다	A1 - 4과
алчуур	수건	A1 - 2과
аль	어느	A1 - 2과
амжих	가능하다, 할 수 있다	A1 - 6과
амралт	휴가	A1 - 7과
амрах	쉬다	A1 - 11과
амттай	맛이 있다	A1 - 5과
амьдрах	살다, 생활하다	A1 - 3과
анги	학급, 과(科), 반	A1 - 2과
англи хэл	영어	A1 - 9과
анд найз	친구	A1 - 10과
арав	열, 십(十)	A1 - 4과
арга	방법	A1 - 12과
ард	뒤에, 후에	A1 - 2과
асуух	묻다. 질문하다	A1 - 4과
ах	형/오빠	A1 - 2과
ахлах сургууль	고등학교	A1 - 3과
аялал	여행	A1 - 8과
бага сургууль	초등학교	A1 - 3과
багахан	꽤 작은	A1 - 10과
багш	선생님	A1 - 1과
байнга	자주, 늘	A1 - 4과
байр	숙소	A1 - 8과
байх	있다, 존재하다	A1 - 2과
байшин	건물	A1 - 2과
бал	볼펜	A1 - 2과
бараа	짐, 상품	A1 - 5과
барилга	건물, 건축물	A1 - 8과
баримт	증거물, 영수증	A1 - 9과
барих	잡다	A1 - 6과
баруун	오른, 서쪽	A1 - 7과
баруун гар	오른 손쪽, 오른쪽	A1 - 8과
баруун гар тийшээ	오른쪽으로	A1 - 12과
бас	또한, 역시	A1 - 3과
баяр	축제	A1 - 10과
баярлалаа	감사합니다, 고맙습니다	A1 - 7과
би	나	A1 - 2과
бид	우리	A1 - 3과
бий	있다	A1 - 3과
билет	티켓, 표(票)	A1 - 7과
битгий	~지 마라	A1 - 7과

단어	뜻	비고
бичгийн ширээ	책상	A1 - 3과
бичиг баримт	서류	A1 - 12과
бичих	쓰다, 필기하다	A1 - 3과
бичүүлэх	쓰게 하다	A1 - 12과
биш	아니다	A1 - 2과
богино	짧다	A1 - 2과
бодох	생각하다	A1 - 10과
бол	~은/는	A1 - 7과
болгоомжтой	조심스럽게, 유의하게	A1 - 7과
болзоо	약속	A1 - 6과
боломж	가능성, 여유	A1 - 11과
болох	되다	A1 - 4과
бороо	비	A1 - 4과
босох	일어나다	A1 - 3과
бөгөөд	~이며, ~이자	A1 - 7과
бусад	다른, 여타	A1 - 2과
бууз	보즈, 고기만두	A1 - 10과
буух	내리다	A1 - 8과
буцах	돌아가다, 뒤돌아가다	A1 - 11과
бүгд	모두	A1 - 7과
бүгдээрээ	모두	A1 - 10과
бүр	~마다	A1 - 4과
бүс нутаг	지역	A1 - 7과
бүтэн	완전한	A1 - 9과
бүтэн сайн	일요일	A1 - 11과
бүхэн	~마다	A1 - 11과
бэ?	의문첨사	A1 - 1과

단어	뜻	비고
бэлтгэл анги	예비반	A1 - 3과
бэлтгэх	준비하다	A1 - 7과
бэлэг	선물	A1 - 10과
бэлэг дурсгал	기념품	A1 - 10과
бэлэн мөнгө	현금	A1 - 9과
бэлэн хувцас	기성복	A1 - 5과
Бямба гараг	토요일	A1 - 12과
вагон	열차, 기차	A1 - 12과
вагоны билет	기차표	A1 - 12과
вокзал	기차역	A1 - 8과
вэ?	의문첨사	A1 - 1과
гадаа	밖	A1 - 4과
гадаад	외국	A1 - 3과
гадаад оюутан	외국학생	A1 - 3과
гадаад оюутны байр	외국인 기숙사	A1 - 12과
гадна	밖에	A1 - 8과
гадуур	밖으로	A1 - 7과
газар	장소	A1 - 9과
гайгүй	괜찮다	A1 - 7과
гал тогоо	부엌	A1 - 3과
ганц	단일, 혼자	A1 - 6과
ганцаараа	혼자	A1 - 11과
гар утас	휴대폰	A1 - 3과
гараг	요일	A1 - 12과
гарах	나가다	A1 - 4과
гаргах	나가게 하다, 내보내다	A1 - 11과

단어	뜻	비고
герман	독일	A1 - 8과
говь	고비	A1 - 7과
голдуу	주로	A1 - 4과
гуанз	식장	A1 - 8과
гудамж	거리, 길거리	A1 - 3과
гурав	셋	A1 - 3과
гутал	신발	A1 - 2과
гуч	서른, 삼십	A1 - 6과
гэж	~고, ~라고	A1 - 4과
гэр	집	A1 - 3과
гэр ахуйн цахилгаан бараа	가전제품	A1 - 5과
гэхдээ	하지만, 그렇지만	A1 - 6과
даалгавар	숙제	1 - 4과
даарах	춥다, 시리다, 추위를 느끼다	A1 - 7과
Даваа гараг	월요일	A1 - 12과
давтах	복습하다	A1 - 3과
давхар	층	A1 - 2과
далай	바다	A1 - 7과
далай тэнгис	바다	A1 - 7과
дандаа	항상, 늘	A1 - 3과
дараа	다음, 후(後)	A1 - 3과
дарс	포도주, 와인	A1 - 10과
даруулга	안주	A1 - 9과
доод	아래	A1 - 8과
доор	아래, 밑	A1 - 8과
доошоо	밑으로	A1 - 8과
дотно	친하다, 친근하다	A1 - 10과
дотор	안, 내(内)	A1 - 8과
дөрвөн улирал	사계절	A1 - 7과
дөрөв	넷, 사(四)	A1 - 6과
дөч	마흔, 사십	A1 - 6과
дулаан	따뜻하다	A1 - 7과
дулаахан	꽤 따듯하다	A1 - 3과
дунд	사이, 중간	A1 - 8과
дунд сургууль	중학교	A1 - 3과
дуртай	좋아하다	A1 - 9과
дутагдал	결점, 부족	A1 - 6과
дутуу	모자라다, 부족	A1 - 6과
дуу	노래	A1 - 2과
дуудах	부르다	A1 - 12과
дуусах	끝나다	A1 - 5과
дуусгах	끝내다	A1 - 12과
дүү	동생	A1 - 2과
дүүрэн	가득하다, 차다	A1 - 12과
дэвтэр	노트	A1 - 1과
дэлгүүр	상점, 가게	A1 - 3과
дэргэд	옆에	A1 - 8과
дээд	위	A1 - 5과
дээл	델(의복)	A1 - 2과
дээр	위	A1 - 4과
дээш	위로	A1 - 7과
дээшээ	위로, 위쪽으로	A1 - 8과

단어	뜻	비고
ерөөсөө	전혀, 아예	A1 - 6과
ес	아홉	A1 - 6과
жаахан	조금	A1 - 5과
жигнэмэг	과자	A1 - 10과
жижиг	작다	A1 - 2과
жил	해, 년(年)	A1 - 4과
жимс	과일	A1 - 5과
жолооч	기사	A1 - 2과
заавал	꼭, 반드시	A1 - 6과
зааж өгөх	가리켜 주다, 가르쳐 주다	A1 - 8과
заалгах	가르치게 하다	A1 - 4과
заах	가르치다, 가리키다	A1 - 4과
зав	시간, 짬	A1 - 5과
зав цаг	시가, 여유	A1 - 11과
зав чөлөө	시간, 자유시간	A1 - 11과
завгүй	시간이 없다	A1 - 11과
завтай	한가하다	A1 - 10과
зам	길, 도로	A1 - 8과
зарим	일부, 어떤	A1 - 9과
заримдаа	가끔, 때때로	A1 - 3과
зах	시장	A1 - 5과
захиа	편지	A1 - 4과
захиалах	주문하다, 예약하다	A1 - 7과
захиалга	주문, 예약	A1 - 9과
зогсох	세우다, 멈추다, 서다	A1 - 8과
зориулах	바치다	A1 - 10과

단어	뜻	비고
зохицуулах	조절하다	A1 - 11과
зочломтгой	대접을 잘 하다	A1 - 10과
зузаан	두꺼운	A1 - 7과
зун	여름	A1 - 7과
зураг	사진	A1 - 11과
зургаа	여섯, 육(六)	A1 - 6과
зуу	백(百)	A1 - 12과
зүгээр	괜찮다	A1 - 10과
зүйл	물건, 항목	A1 - 10과
зүүн	동쪽, 왼	A1 - 7과
зүүн гар	왼 손	A1 - 8과
зүүн гар тийшээ	왼 손쪽으로, 왼쪽으로	A1 - 12과
зүүх	차다, 착용하다	A1 - 7과
идэх	먹다	A1 - 3과
илүү	~보다	A1 - 4과
ирэх	오다	A1 - 3과
их	많은, 많이	A1 - 7과
их дэлгүүр	백화점	A1 - 5과
их сургууль	대학교	A1 - 3과
ихэнх	대부분	A1 - 9과
кило	킬로	A1 - 5과
компьютер	컴퓨터	A1 - 2과
купе	쿠페, 침대칸	A1 - 12과
Лхагва гараг	수요일	A1 - 12과
магадгүй	아마도	A1 - 6과
малгай	모자라다, 부족	A1 - 2과
манай	우리	A1 - 2과

단어	뜻	비고
маргааш	내일	A1 - 3과
мартах	잊다	A1 - 10과
маш	아주	A1 - 12과
машин	자동치, 기계	A1 - 7과
меню	메뉴	A1 - 9과
метр	미터	A1 - 7과
метро	지하철	A1 - 12과
минут	분(分)	A1 - 4과
монгол	몽골	A1 - 2과
монгол хоол	몽골 음식	A1 - 9과
монгол хэл	몽골어	A1 - 3과
монголчууд	몽골민족	A1 - 10과
морь	말, 마(馬)	A1 - 2과
мөн	맞다, 또한	A1 - 2과
мөнгө	돈, 은(銀)	A1 - 10과
МУИС	몽골국립대학교(약자)	A1 - 12과
муу	나쁜, 나쁘게	A1 - 2과
мэдэхгүй	모르다	A1 - 4과
мэйл	메일	A1 - 3과
Мягмар гариг	화요일	A1 - 12과
мянга	천(千)	A1 - 5과
наана	앞쪽, 이쪽	A1 - 8과
найз	친구	A1 - 1과
найм	여덟, 팔(八)	A1 - 6과
намар	가을	A1 - 7과
намхан	낮은	A1 - 4과
нар	~들	A1 - 7과

단어	뜻	비고
нас	나이, 연령	A1 - 4과
нийлүүлэх	합하다, 합치다	A1 - 10과
нийслэл салат	감자 샐러드	A1 - 9과
нийтийн	공중, 공공	A1 - 3과
нийтийн вагон	공동 기차칸	A1 - 12과
нийтийн тээвэр	대중교통	A1 - 12과
нимгэн	얇은	A1 - 7과
нислэг	비행	A1 - 12과
ногоо	야채	A1 - 5과
ногооны салат	야채 샐러드	A1 - 9과
ном	책	A1 - 1과
номер	번호	A1 - 8과
номын дэлгүүр	서점	A1 - 5과
номын сан	도서관	A1 - 3과
номын шүүгээ	책장	A1 - 2과
нохой	개	A1 - 2과
нутаг	고향	A1 - 7과
нэг	하나, 일(一)	A1 - 2과
нэг тал	한쪽, 편도	A1 - 12과
нэгдүгээр	첫째, 첫번째	A1 - 3과
нэр	이름	A1 - 2과
нээх	열다	A1 - 7과
Ням гараг	일요일	A1 - 12과
огт	전혀	A1 - 4과
одоо	지금	A1 - 3과
одоохон	금방	A1 - 12과
ойлгох	이해하다	A1 - 8과

단어	뜻	비고
олон	많은, 많이	A1 - 3과
онгоц	비행기	A1 - 7과
ор	침대	A1 - 3과
орой	저녁	A1 - 3과
оройн хоол	저녁 식사	A1 - 10과
оройтох	늦다	A1 - 6과
оройхон	늦게, 늦은 시간에	A1 - 12과
орон	국가	A1 - 7과
орос	러시아	A1 - 3과
орох	들어가다	A1 - 4과
орчим	쯤, 가량	A1 - 8과
орчин үе	현대	A1 - 10과
очих	가다, 도착하다	A1 - 3과
оюутан	학생	A1 - 1과
оюутны байр	기숙사	A1 - 3과
өвөл	겨울	A1 - 7과
өглөө	아침	A1 - 3과
өгөх	주다	A1 - 3과
өдөр	일, 낮	A1 - 3과
өмнө	앞, 전(前)	A1 - 4과
өмсөх	입다	A1 - 7과
өнгөрөх	지나다	A1 - 6과
өндөр	키, 높이	A1 - 4과
өнөөдөр	오늘	A1 - 4과
өөр	다른	A1 - 9과
өөрчлөгдөх	변하다	A1 - 6과
өрөө	방	A1 - 3과

단어	뜻	비고
өчигдөр	어제	A1 - 4과
порц	인분	A1 - 9과
Пүрэв гараг	목요일	A1 - 12과
саарал	잿빛	A1 - 8과
сайн	좋다, 잘	A1 - 1과
Сайн уу?	안녕?	A1 - 1과
сайтар	잘	A1 - 7과
сайхан	좋은, 아름다운	A1 - 1과
Сайхан амарсан уу?	편히 쉬었습니까?	A1 - 1과
Сайхан амраарай!	편히 쉬세요!	A1 - 1과
салат	셀러드	A1 - 9과
салхитай	바람이 불다	A1 - 7과
самбар	칠판	A1 - 3과
сандал	의자	A1 - 1과
саруулхан	밝은	A1 - 3과
саяя	방금	A1 - 12과
саяхан	방금	A1 - 4과
сиди	시디	A1 - 5과
соёл	문화	A1 - 11과
солонгос	한국	A1 - 1과
солонгос хоол	한국 음식	A1 - 9과
сонин	신문	A1 - 1과
сонирхолтой	재미있다	A1 - 2과
сонирхох	재미를 가지다, 흥미롭다	A1 - 11과
сонсох	듣다	A1 - 3과

단어	뜻	비고
Сөүл	서울	A1 - 3과
сум	화살	A1 - 8과
сурах	배우다	A1 - 2과
сурах бичиг	교재	A1 - 2과
сургуулийн гуанз	학교 식당	A1 - 8과
сургууль	학교	A1 - 1과
суудал	자리, 의자	A1 - 12과
суух	앉다, 타다	A1 - 3과
сүү	우유	A1 - 1과
сүүтэй цай	우유차	A1 - 9과
сэрүүн	시원하다	A1 - 7과
сэтгэл	마음	A1 - 6과
та	당신	A1 - 1과
таатай	편한, 편히	A1 - 1과
таблет	바블렛	A1 - 2과
тав	다섯, 오(五)	A1 - 4과
тавь	쉰, 오십	A1 - 6과
таг	푹, 깜빡	A1 - 11과
тайван	평안한	A1 - 1과
такси	택시	A1 - 4과
тал	쪽, 편	A1 - 7과
талх	빵	A1 - 5과
танай	당신네	A1 - 2과
танилцах	소개하다	A1 - 1과
тарах	끝나다, 흩어지다	A1 - 4과
тасаг	과, 파트	A1 - 5과
тахиа	닭	A1 - 3과
тийм	그런	A1 - 1과
тийм учраас	그렇기 때문에	A1 - 7과
тиймээс	따라서	A1 - 7과
тийш	그쪽	A1 - 8과
тийшээ	그쪽으로	A1 - 8과
толь бичиг	사전	A1 - 2과
том	크다	A1 - 2과
тооцоо	계산	A1 - 9과
торгон	비단	A1 - 2과
төв	중앙, 센터	A1 - 7과
төгрөг	투그륵	A1 - 4과
төмс	감자	A1 - 10과
төрөл	종류	A1 - 5과
төрсөн өдөр	생일	A1 - 6과
тул	위해	A1 - 12과
тусархаг	진철하다	A1 - 6과
тухай	~에 대하여, ~에 관하여	A1 - 4과
түлхүүр	열쇠	A1 - 2과
түр	잠깐	A1 - 9과
тэгвэл	그러면	A1 - 5과
тэгээд	그래서	A1 - 6과
тэд	그들	A1 - 2과
тэнд	저기	A1 - 2과
тэнхим	학과	A1 - 4과
тэр	저	A1 - 1과
улаан	붉은	A1 - 2과
улирал	계절	A1 - 7과

단어	뜻	비고
улс	나라	A1 - 4과
ундаа	음료수	A1 - 1과
унтах	자다	A1 - 6과
унших	읽다	A1 - 1과
урагшаа	앞으로	A1 - 8과
урд	앞	A1 - 7과
урих	초대하다	A1 - 10과
урт	길다	A1 - 2과
ус	물	A1 - 1과
утас	전화	A1 - 2과
утсаар ярих	통화하다	A1 - 5과
уу?	의문첨사	A1 - 1과
уул	산	A1 - 1과
уулгах	마시게 하다	A1 - 10과
уулзах	만나다	A1 - 4과
уух	마시다	A1 - 9과
Уучлаарай!	미안합니다!, 죄송합니다!	A1 - 8과
учир	이유, 원인	A1 - 12과
учраас	때문에	A1 - 9과
үг	단어, 낱말	A1 - 2과
үгүй	아니다	A1 - 2과
үдээс өмнө	오전	A1 - 7과
үзэг	만년필, 펜	A1 - 1과
үзэх	보다	A1 - 4과
үйлчилэх	서비스를 제공하다	A1 - 9과
үндэсний хоол	전통 음식	A1 - 9과

단어	뜻	비고
үнэ	가격, 값	A1 - 5과
үргэлж	항상, 늘	A1 - 4과
үү?	의문첨사	A1 - 1과
үүл	구름	A1 - 1과
үхэр	소	A1 - 1과
хаалга	문	A1 - 1과
хаана	어디	A1 - 1과
хаашаа	어디로	A1 - 1과
хааяа	가끔, 때때로	A1 - 4과
хавар	봄	A1 - 7과
хавиргатай хуурга	갈비볶음	A1 - 9과
хавиргатай шөл	갈바탕	A1 - 9과
хагас	절반	A1 - 6과
хагас бүтэн сайн	주말	A1 - 11과
хагас сайн	토요일	A1 - 11과
хажууд	옆에	A1 - 3과
халбага	숟가락	A1 - 2과
халуун	덥다	A1 - 7과
хамгийн	제일	A1 - 5과
хамт	함께	A1 - 4과
хангай	항가이	A1 - 7과
хар	검은	A1 - 2과
харагдах	보이다	A1 - 8과
харандаа	연필	A1 - 1과
харах	보다	A1 - 4과
харин	그러나	A1 - 3과
харих	집에 가다	A1 - 5과

단어	뜻	비고
хатаасан төмс	칩스	A1 - 9과
хашаа	울타리	A1 - 12과
хаяг	주소	A1 - 8과
хиам	햄	A1 - 5과
хийх	만들다, 하다	A1 - 1과
хичнээн	얼마나	A1 - 11과
хичнээн?	얼마?	A1 - 4과
хоёр	둘, 이(二)	A1 - 2과
хоёулаа	둘이서	A1 - 6과
хойд	북쪽, 뒤쪽	A1 - 7과
хойно	뒤	A1 - 7과
хойшоо	뒤로	A1 - 8과
хол	멀리	A1 - 4과
хоног	밤, 박(泊)	A1 - 12과
хонь	양(洋)	A1 - 1과
хоол	음식	A1 - 2과
хоолонд орох	삭사하다, 외식하다	A1 - 9과
хороолол	구역	A1 - 8과
хорь	스물, 이십(二十)	A1 - 4과
хос	쌍	A1 - 4과
хот	도시	A1 - 4과
хотын төв	시내	A1 - 5과
хоцрох	늦다	A1 - 6과
хөгжим	음악	A1 - 3과
хөдөө	시골	A1 - 3과
хөшөө	동상	A1 - 8과
хувцас	옷	A1 - 2과

단어	뜻	비고
хувцасны шүүгээ	옷장	A1 - 3과
хугацаа	시간	A1 - 7과
худалдаж авах	사다, 구매하다	A1 - 5과
худалдах	팔다, 판매하다	A1 - 5과
хурдан	빠르다	A1 - 11과
хурц	예리한	A1 - 7과
хуурай	건조한	A1 - 7과
хуурай ширүүн	건조하고 혹독하다	A1 - 7과
хуурга	볶음	A1 - 9과
хуучин	낡은	A1 - 2과
хуушуур	호쇼르	A1 - 9과
хүйтэн	춥다	A1 - 5과
хүлээх	기다리다	A1 - 6과
хүмүүс	사람들	A1 - 10과
хүн	사람	A1 - 1과
хүнсний бараа	식품	A1 - 5과
хүнсний тасаг	식품과	A1 - 5과
хүртэл	~까지	A1 - 7과
хүрэх	도달하다, 도착하다	A1 - 8과
хүүхэд	아이	A1 - 2과
хэд(хэдэн)	얼마	A1 - 4과
хэзээ?	언제?	A1 - 1과
хэл	언어	A1 - 4과
хэлзүй	문법	A1 - 2과
хэлэх	말하다	A1 - 5과
хэн?	누구?	A1 - 1과
хэр?	얼마나?	A1 - 4과

단어	뜻	비고
хэрвээ	만약	A1 - 7과
хэрхэн?	어떻게?	A1 - 4과
хэрэгтэй	필요하다	A1 - 3과
хэтэрхий	지나치게	A1 - 12과
хямдхан	저렴하다, 싸다	A1 - 5과
хятад	중국	A1 - 3과
цаас	종이	A1 - 1과
цаг	시	A1 - 2과
цаг агаар	날씨	A1 - 7과
цагаан	하얗다	A1 - 4과
цагаан хоол	채식	A1 - 9과
цай	차(茶)	A1 - 10과
цай уулгах	차를 대접하다	A1 - 10과
цайлах	차를 대접하다	A1 - 10과
цас	눈	A1 - 1과
цирк	서커스	A1 - 12과
цонх	창문	A1 - 1과
цуг	함께	A1 - 9과
цуцлах	취소하다	A1 - 9과
цүнх	가방	A1 - 2과
цэвэрхэн	깨끗한	A1 - 3과
цэс	메뉴판	A1 - 9과
чадах	할 수 있다	A1 - 5과
чадахгүй	할 수 없다	A1 - 12과
чадвар	능력	A1 - 11과
чанах	끓이다	A1 - 10과
чи	너	A1 - 1과
чигээрээ	곧장, 직진	A1 - 8과
чөлөө	여유	A1 - 11과
чөлөөт цаг	자유시간	A1 - 11과
чухал	중요한	A1 - 11과
шалгалт	시험	A1 - 12과
шар	노랗다	A1 - 8과
шар айраг	맥주	A1 - 9과
шарсан хавиргатай хуурга	구운 갈비 볶음	A1 - 9과
шийдэх	결정하다, 정하다	A1 - 12과
шил	유리	A1 - 7과
шинэ	새로운	A1 - 2과
шинэхэн	새로운	A1 - 10과
ширүүн	거칠다	A1 - 7과
ширээ	책상	A1 - 1과
шокаладны цуглуулга	초콜릿 세트	A1 - 10과
шөл	국, 스프	A1 - 9과
шөнө	밤	A1 - 3과
шууд	직접	A1 - 4과
шүүгээ	장, 서랍장	A1 - 2과
шүхэр	우산	A1 - 7과
эгч	누나, 언니	A1 - 2과
эмийн сан	약국	A1 - 8과
энд	여기	A1 - 3과
энэ	이것	A1 - 1과
эргэх	돌다	A1 - 8과

단어	뜻	비고
эрс тэс	극심한	A1 - 7과
эрт	일찍	A1 - 4과
эрэгтэй	남자	A1 - 2과
эсвэл	혹은	A1 - 12과
эх газрын орон	내륙국	A1 - 7과
эхлэх	시작	A1 - 4과
эхлээд	먼저	A1 - 12과
эцсийн буудал	종착점	A1 - 8과
ээж	어머니	A1 - 2과
юм	것	A1 - 4과
юу?	의문첨사	A1 - 1과
юу?	무엇?	A1 - 4과
юү?	의문첨사	A1 - 1과
яагаад?	왜?	A1 - 4과
яаж?	어떻게?	A1 - 4과
яах?	어떻게?	A1 - 4과
явах	가다, 다니다	A1 - 1과
яг	꼭	A1 - 6과
ялгаа	차이	A1 - 7과
ямар?	어떤? 무슨?	A1 - 4과
япон	일본	A1 - 2과
яриа	이야기	A1 - 2과
ярих	이야기하다, 말하다	A1 - 3과

정답

✔ 제1과

쓰기 연습

1.

(1) Энэ дэвтэр.

(2) Тэр хаалга.

(3) Дөлгөөн монгол хүн.

(4) Минсү солонгос оюутан.

(5) Цэцэг багш.

2.

(1) Би оюутан.

(2) Минсү солонгос хүн.

(3) Тэр хүн багш.

(4) Тэр хүн монгол хүн.

(5) Уулзсандаа баяртай байна.

단원 평가

1.

(1) ②

(2) ①

(3) ③

(4) ⑤

(5) ⑥

2.

(1) Энэ үзэг үү, харандаа юу?

(2) Энэ толь бичиг үү, дэвтэр үү?

(3) Энэ ундаа юу, сүү юу?

(4) Тэр Болд уу, Дорж уу?

(5) Тэр хонь уу, үхэр үү?

✔ 제2과

쓰기 연습

1.

(1) миний

(2) таны

(3) дэлхийн

(4) хааны

(5) ширээний

(6) номын

(7) ангийн

(8) багшийн

(9) сургуулийн

(10) чиний

(11) түүний

(12) эрэгтэйн

(13) дайны

(14) дууны

(15) уулын

(16) жолоочийн

(17) ээжийн

(18) морины

2.

(1) Таны нэр хэн бэ?
Миний нэр Болд.

(2) Таны утасны дугаар хэд вэ?
Миний утасны дугаар 010-1234-5678.

(3) Та нарын ширээ хаана байна вэ?
Бид нарын ширээ энд байна.

(4) Түүний аав юу хийдэг вэ?
Түүний аав багш.

(5) Тэдний анги хэдэн давхарт байдаг вэ?
Тэдний анги гурван давхарт байдаг.

단원 평가

1.

(1) ④

(2) ①

(3) ②

(4) ④

(5) ②

✔ 제3과

쓰기 연습

1.

(1) Хөдөө хонь, үхэр, ямаа, тэмээ байдаг.

(2) Сургуульд самбар, танхим, багш, оюутан байдаг.

(3) Дэлгүүрт будаа, ногоо, хувцас байдаг.

(4) Гудамжинд машин, автобус, мод, зам байдаг.

(5) Ангид самбар, шохой, ширээ, сандал байдаг.

2.

(1) Орой гэртээ хөгжим сонсдог.
해석: 저녁에 집에서 음악을 듣습니다.

(2) Би бараг өдөр бүр сургуульдаа явдаг.
해석: 나는 거의 매일 학교에 갑니다.

(3) Заримдаа шөнө орой тахиа иддэг.
해석: 가끔 늦은 밤에 치킨을 먹습니다.

(4) Найздаа дандаа мэйл бичдэг.
해석: 친구에게 자주 매일을 씁니다.

(5) Өдөр бүр би утсаар ярьдаг.
해석: 매일 내가 전화를 합니다.

3.

(1) Номын дэлгүүр сургуулийн урд байдаг.

(2) Сургуулийн 1 давхарт ном зардаг.

(3) Манай өрөөнд ширээ, сандал, компьютер. байдаг.

(4) Тийм. Манай ангид гадаад оюутан бий.

(5) Миний цүнхэнд толь бичиг алга байна.

단원 평가

1.

(1) ②

(2) ①

(3) ②

(4) ②

(5) ③

✔ 제4과

쓰기 연습

1.

(1) Номын сангаас ном, сэтгүүл, СД худалдан авч болно.

(2) Их дэлгүүрээс хувцас, гэр ахуйн цахилгаан бараа худалдан авч болно.

(3) Захаас хувцас, төрөл бүрийн бараа худалдан авч болно.

(4) Гудамжнаас жимс, ундаа худалдан авч болно.

(5) ТҮЦ-ээс бохь, ундаа, жигнэмэг худалдан авч болно.

2.

(1) Хагас бүтэн сайн өдөр гэртээ байсан.

해석: 주말에 집에 있었습니다.

(2) Тэр бас монгол хэл сурсан.

해석: 그 사람도 몽골어를 배웠습니다.

(3) Миний найз өнөөдөр сургууль явсан.

해석: 내 친구가 오늘 학교에 갔습니다.

(4) Тэр хүний нэрийг мартсан.

해석: 그 사람의 이름을 잊어 버렸습니다.

(5) Энэ жил жимсний үнэ их үнэтэй байсан.

해석: 올해 과일 값이 너무 비쌌습니다.

3.

(1) Тийм. Өчигдөр бүгдийг нь дуусгасан.

(2) Үгүй. Сая бичсэн.

(3) Өдрийн цайгаа дөнгөж сая уусан.

(4) Үгүй. Хоёрдахь өдөр байсан.

(5) Ахтайгаа цуг ирсэн.

4.

(1) Үгүй, дээр үед Улаанбаатарт ийм их машин байгаагүй.

(2) Үгүй, монгол хэл бие дааж сураагүй.

(3) Үгүй, өнгөрсөн жил ийм халуун байгаагүй.

(4) Үгүй, 5 жилийн өмнө тэр барилга энд байгаагүй.

(5) Үгүй, би үүнийг зураагүй.

단원 평가

1.

(1) ③

(2) ②

(3) ②

(4) ①

(5) ①

✔ 제5과

쓰기 연습

1.

(1) Хөгжим сонсож хичээлээ хийдэг.

(2) Их дэлгүүр явж гэр ахуйн цахилгаан бараа үздэг.

(3) Зах орж хиам авдаг.

(4) Хувцсаа сольж хоол хийдэг.

(5) Гэртээ ирж утсаар ярьдаг.

2.

(1)

A: Та хүнсний бараа авмаар байна уу?

B1: Тийм, би хүнсний бараа авмаар байна.

B2: Үгүй, би хүнсний бараа авмааргүй байна.

(2)

A: Чи гэртээ харимаар байна уу?

B1: Тийм, би гэртээ харимаар байна.

B2: Үгүй, би гэртээ харимааргүй байна.

(3)

A: Чи зах явмаар байна уу?

B1: Тийм, би зах явмаар байна.

B2: Үгүй, би зах явмааргүй байна.

(4)

A: Та хагас бүтэн сайнд амармаар байна уу?

B1: Тийм, би хагас бүтэн сайнд амармаар байна.

B2: Үгүй, би хагас бүтэн сайнд амармааргүй байна.

(5)

A: Чи найзтайгаа утсаар яримаар байна уу?

B1: Тийм, би найзтайгаа утсаар яримаар байна.

B2: Үгүй, би найзтайгаа утсаар яримааргүй байна.

3.

(1) Би захаас хүнсний ногоо, будаа авмаар байна.

(2) Тийм, би их мөнгөтэй болмоор байна.

(3) Тийм, би турмаар байна.

(4) Тийм, би чамтай цуг аялалд явмаар байна.

(5) Би танай сургуульд монгол хэл сурмаар байна.

단원 평가

1.

(1) Шинэ дуу сурч найз нартаа зааж өгдөг.

(2) Хоёулаа уулзаж ярьж сууя.

(3) Номын дэлгүүр явж ном авч уншъя.

(4) Гэртээ харьж цайгаа ууж телевиз үзнэ.

(5) Гадаа гарч чамайг хүлээнэ.

✓ 제6과

쓰기 연습

1.

(1) Чи энэ тухай найздаа утсаар хэлээрэй.

(2) Чи монгол хэл сайн сураарай.

(3) Өглөөний цайгаа уугаарай.

(4) Чи энэ үгийг дахиж битгий мартаарай.

(5) Чи шөнө орой гадуур битгий яваарай.

2.

(1) Би өнөө өглөө сургуульдаа автобусаар ирлээ.

(2) Би монгол хэлээр хамгийн сайн ярьдаг.

(3) Би энэ өвлийн амралтаараа аялалаар явна.

(4) Би анх монгол хэл найзаараа заалгасан.

(5) Манай ангийн оюутнуудаас Болд сурлагаар хамгийн сайн.

3.

(1) Монгол явахаар бэлтгэж байна.

(2) Найзтайгаа уулзахаар ганган хувцас өмссөн.

(3) Мөнгөө хадгалуулахаар банкинд очсон.

(4) Гэрээ цэвэрлэхээр өглөө бүр эрт босдог.

(5) Хуримаа хийхээр мөнгөө цуглуулж байна.

4.

(1) Би усанд сэлж сурахаар усны хувцас авсан.

(2) Шинэ хувцас авахаар их дэлгүүр явсан.

(3) Мэнд асуухаар утсаар ярьсан.

(4) Шинэ үзэсгэлэн үзэхээр музейд олон хүн ирсэн.

(5) Эдгээр оюутнууд онгол хэл сурахаар ирсэн.

단원 평가

1.

(1) ②

(2) ②

(3) ①

(4) ②

(5) ④

✔ 제7과

쓰기 연습

1.

245쪽 <표1> 참고

2.

(1) Эгч найзаасаа мессеж авмагцаа гараад гүйчихсэн.

(2) Би монголд ирмэгцээ монгол хэлний гэрийн багш хайв.

(3) Зуны амралт эхэлмэгц би хөдөө өвөө эмээ дээрээ очсон.

(4) Зун болмогц бороо орж эхэлсэн.

(5) Би сургуулийн өмнө багшийг хармагцаа хойноос нь гүйсэн

3.

(1) явах - явуулах

→ Би найздаа захиа явуулав.

(2) үзэх - үзүүлэх

→ Би ээждээ шинээр авсан толь бичгээ үзүүлэв.

(3) харах - харуулах

→ Би түүнд өөрийнхөө утсыг харуулав.

(4) бичих - бичүүлэх

→ Би. найзаараа захиа бичүүлэв.

(5) бэлдэх - бэлдүүлэх

→ Багш оюутнуудаа шалгалтанд бэлдүүлэв.

<표1>

	Би найздаа	Би найзыгаа	Би найзаараа	Би найзаасаа	Би найзтайгаа	Би найз руугаа
(1) хүлээж байна.		○				
(2) яримаар байна.					○	
(3) мэндэлсэн.					○	
(4) гэртээ урив.		○				
(5) монгол хэл заадаг.	○					
(6) ном авлаа.				○		
(7) асууя.				○		
(8) утасдах ёстой.						○
(9) уулзаагүй.					○	
(10) баярлаж байна.	○					
(11) уучлалт гуйсан.				○		
(12) аялалд явсан.					○	
(13) сайн ойлгодог.		○				
(14) мессеж бичсэн.	○					

단원 평가

1.

(1) ②

(2) ②

(3) ②

(4) ②

(5) ④

✔ 제8과

쓰기 연습

1.

(1) Би өчигдөр захруу таксигаар явсан.

(2) Болд ажилдаа дандаа автобусаар явдаг.

(3) Чи хоолоо халбагаар идээрэй.

(4) Би чиний энэ номыг авч болох уу?

(5) Чи монгол найзтайгаа монголоор ярьдаг уу?

2.

(1) ③

(2) ③

(3) ①

(4) ②

(5) ③

3.

(1) Найзтайгаа уулзаж байна.

(2) Гадаа бороо орж байна.

(3) Би ч бас мэдээ үзэж байна.

(4) Чамайг утасдахад би сонин уншиж байсан.

(5) Одоо ч гэсэн цас орж байна.

4.

(1) Нэг цаг арван таван минут болж байна.

(2) Хоёр цаг хагас болж байна.

(3) Арван хоёр цаг болж байна.

(4) Найман цаг тавин минут болж байна.

(5) Арван цагт гурван минут дутуу байна.

5.

(1) Манай аав дөчин ес-тэй, ээж дөчин долоо-той.

(2) Манай хичээл найман цагт эхлээд, үдээс хойно гурван цагт тардаг.

(3) Гурван дэвтэр, дөрвөн бал, нэг баллуур өгөөрэй.

(4) Гэртээ хоёр, сургууль дээр гурван цаг, нийт таван цаг хичээлээ давтсан.

(5) Дэлгүүрээс арван кило мах авсан.

단원 평가

1.

(1) ④

(2) ②

(3) ③

(4) ①

(5) ①

✔ 제9과

쓰기 연습

1.

(1) ①

(2) ③

(3) ①

(4) ②

(5) ③

2.

(1) Би хагас бүтэн сайн өдөр ууланд гарах дуртай.

(2) Миний хамгийн дуртай хоол хуушуур.

(3) Миний үзсэн хамгийн дуртай кино бол “Мандухай цэцэн хатан”.

(4) Тийм. Би хонины махтай хоолонд дургүй.

(5) Би аялалаар явах дуртай.

3.

(1) Би ханиад хүрсэн болохоор би хичээлдээ явж чадахгүй.

(2) Би өнөөдөр эмчид үзүүлнэ. Яагаад гэвэл, миний бие өвдөж байна.

(3) Монгол хэлийг сайн сурах хэрэгтэй болохоор би монгол явах хэрэгтэй.

(4) Жаахан үнэртэй учраас би хонины маханд дуртай биш.

(5) Яагаад чи хар кофенд дуртай юм бэ? Яагаад гэвэл, би сүүнд дургүй.

단원 평가

1.

(1) ③

(2) ②

(3) ③

✔ 제10과

쓰기 연습

1.

249쪽 <표2> 참고

2.

(1) Би орой эрт унтсан боловч өглөө оройтож босов.

(2) Тэр надад энэ тухай хэлсэн боловч би мартчихсан.

(3) Гэдэс их өлсөж байсан боловч би хоол идээгүй.

(4) Тэр япон хэлэндээ сайн боловч монгол хэлэндээ муу.

(5) Түүнд би өнөөдөр эрт ирээрэй гэсэн боловч тэр оройтсон.

3.

(1) Эмээ намайг цайгаа уусан уу гэж асуусан.

(2) Болд надад энэ хагас бүтэн сайн өдөр сайн амар гэж зөвлөсөн.

(3) Өнөөдөр Болдын бие өвдөж байна гэж Дөлгөөн багшид дамжуулж хэлсэн.

(4) Энэ удаагийн шалгалтаа сайн өгөх хэрэгтэй шүү гэж багш надад анхааруулсан.

(5) Эгч гарахдаа тэр орой найман цагт ирнэ гэсэн.

단원 평가

1.

1. (1) ③ (2) ②

2. ③

✔ 제11과

쓰기 연습

1.

(1) Манай гэр бүл тавуулаа.

(2) Тийм. бид нар солонгосоос олуулаа ирсэн.

(3) Бид нар энэ ажлыг цөөхүүлээ хийж чадна.

(4) Манай ангийнхан арвуулаа хамт сурдаг.

(5) Тийм, би ганцаараа ирлээ.

2.

(1) Болдыг иртэл энд хүлээе.

(2) Оройн хоолны цаг болтол би гэртээ даалгавраа хийсэн.

(3) 3 цаг болтол би унтаж чадсангүй.

(4) Зуны амралт болтол би ямар ч завгүй.

(5) Би түүнд энэ тухай хэлтэл тэр их гайхсан

3.

(1) Өнөөдөр арван сарын хорин тавны өдөр.

(2) Өнөөдөр Даваа гараг.

(3) Өнөөдөр есөн сарын хорин тавны өдөр.

(4) Энэ дөрвөн сар.

(5) Өнөөдөр тавдахь өдөр.

<표2>

	-ууд/-үүд	-чууд/-чүүд	нар	-д	-с
(1) харандаа	○				
(2) монгол		○			
(3) эмч			○		
(4) найз	○				
(5) эрэгтэй		○			
(6) ажилчин				○	
(7) багш			○		
(8) бага		○			
(9) оюутан	○				
(10) жил	○				
(11) машин	○				
(12) их					○
(13) доод					○
(14) уул	○				
(15) жолооч			○		
(16) солонгос		○			

✔ 제12과

쓰기 연습

1.

(1) Монгол хэл сурвал сайн байна.

(2) Би өвдвөл эмчид үзүүлнэ.

(3) Би орой өлсвөл хоол хийж иднэ.

(4) Хагас сайнд найзтайгаа уулзвал энэ тухай хэлнэ.

(5) Даалгавраа хийж дуусвал гадагшаа гарна.

2.

(1) Миний ах хөл бөмбөг сайн тоглодог. Сагсан бөмбөг ч сайн тоглодог.

(2) Болдод ах байхгүй. Бас дүү ч байхгүй.

(3) Энэ газар ажлын өдөр ч хүмүүс ихтэй байдаг. Амралтын өдөр ч хүн ихтэй байдаг.

(4) Энэ уул өндөр ч юм. Үзэсгэлэнтэй ч юм.

(5) Өнөө орой манайд солонгос найз нар ирнэ. Монгол найз нар ч ирнэ.

3.

(1) Хоёулаа сургууль дээр юм уу, номын санд уулзъя.

(2) Би монгол юм уу, орос руу явж үзмээр байна.

(3) Загастай хоол юм уу, махтай хоолонд дуртай.

(4) Сургуульдаа автобусаар юм уу, метрогоор явдаг.

(5) Алим юм уу, банана авчираарай.

4.

(1) Найз руугаа мэйл бичих юм уу, утсаар ярьдаг.

(2) Хамт кино үзэх юм уу, дэлгүүрээр явдаг.

(3) Амралтын өдөр хувцасаа угаах юм уу, гэрээ цэвэрлэдэг.

(4) Түүнд атаархах юм уу, муу санадаггүй.

(5) Чи ирэх юм уу, би очъё.

단원 평가

1.

(1) ③

(2) ①

(3) ③

(4) ④

(5) ①